MW01519249

La Cinquantaine...

Charles de Bernard

Nabu Public Domain Reprints:

You are holding a reproduction of an original work published before 1923 that is in the public domain in the United States of America, and possibly other countries. You may freely copy and distribute this work as no entity (individual or corporate) has a copyright on the body of the work. This book may contain prior copyright references, and library stamps (as most of these works were scanned from library copies). These have been scanned and retained as part of the historical artifact.

This book may have occasional imperfections such as missing or blurred pages, poor pictures, errant marks, etc. that were either part of the original artifact, or were introduced by the scanning process. We believe this work is culturally important, and despite the imperfections, have elected to bring it back into print as part of our continuing commitment to the preservation of printed works worldwide. We appreciate your understanding of the imperfections in the preservation process, and hope you enjoy this valuable book.

Ar 2621

LA

CINQUANTAINE.

Imprim. de Oclevingne et Callowaert.

LA

CINQUANTAINE,

A22621

PAR

Charles de Bernard.

BRUXELLES.

A. JAMAR, ÉDITEUR-LIBRAIRE,

RUE DE LA REGENCE, 8.

1841.

LA

CINQUANTAINE.

—◦▸—

I

A Páris, certains endroits des quartiers élégants rappellent à l'esprit la plate-forme où sœur Anne s'é-tait mise aux aguets dans le château de la Barbe-Bleue. Pendant les beaux jours, à l'heure où les femmes du monde sortent pour se promener, rendre des visites ou courir les magasins, un observateur ne saurait tra-verser les lieux dont nous parlons sans y remarquer un assez grand nombre d'individus mâles, jeunes d'ordinaire, bien tournés quelquefois, et toujours aussi corrects dans leur costume qu'un amoureux de vaudeville. Selon l'humeur inquiète ou temperée dout

les a doués la nature, ces intéressants personnages se
tiennent immobiles comme des statues, ou parcou-
rent à pas irréguliers un espace restreint, ainsi que
fait un soldat devant sa guerite. Parmi ces sentinelles
volontaires, il en est qui achèvent leur faction sans
avoir aperçu autre chose que l'herbe qui verdoie et le
soleil qui poudroie, et ceux-là en général regagnent
leur logis d'un air très-mélancolique; mais d'autres
plus fortunés finissent par recueillir le fruit de leur
patience, et voient succéder aux anxiétés de l'attente
les charmes de cet instant que nos pères nommaient,
en style précieux, l'heure du berger.

Dans cette dernière classe, il convient de ranger un
jeune homme de fort bonne mine qui, vers le milieu
de mars, il y a de cela quelques années, avait pris position, pour ne pas dire racine, à l'entrée du jardin des
Tuileries, en face de la rue Castiglione. De deux à
quatre heures, à l'époque où le soleil printanier ca-
resse de ses tièdes rayons les bourgeons verdissants
des marronniers et des tilleuls, cette place offre aux
êtres sensibles un affût presque aussi favorable que le
balcon de l'Opéra pendant la soirée. L'allée des Feuillants, en effet, dispute alors au bois de Boulogne le
privilége d'attirer un essaim de jeunes femmes qui
viennent exposer aux vivifiantes influences d'un air
frais et pur leurs joues pâlies et leurs yeux fatigués
par les veilles de leur campagne d'hiver. Aussi serait-
il difficile de dénombrer les paletots et les redingotes
de toute nuance, depuis le noir de fumée au blanc de
farine, qui, à cette heure privilégiée, envahissent le
jardin des Tuileries. Les fantassins de la fashion sur-

tout y affluent des quatre points cardinaux. Ce sol
semble leur propriété, tant ils s'y prélassent majes-
tueusement. Là ils ne reconnaissent aucune supériorité, pas même celle des éclaboussants sportmen du
Jockey-club, à qui, sur un autre terrain, ils ne songe-
raient point à disputer le pas ; car l'estime qu'on fait
de soi-même varie selon les lieux, et tel se courbe
au premier étage, qui se redresse au second. Aux
Champs-Elysées, le cavalier qui trotte à l'anglaise le
long de la chaussée éclipse du haut de sa monture,
fût-elle de louage, le modeste piéton de la contre-
allée ; mais aux Tuileries ces distinctions s'effacent.
Les grilles qui s'ouvrent aux chiens tenus en laisse
restent impitoyablement fermées aux chevaux, et
chaque promeneur ne pèse que de son poids personnel. Sur le sable de l'allée des Feuillants, éperonnées
ou non, toutes les bottes sont égales.

Le jeune homme dont nous avons décrit l'immo-
bilité significative, paraissait complétement isolé au
milieu de la foule qu'attiraient à la promenade les
séductions d'une journée magnifique. En vain les plus
brillants équipages s'arrêtaient à l'entrée du jardin,
en vain les plus jolies femmes l'effleuraient au passage, rien ne parvenait à distraire son attention du
point où elle s'était fixée. Appuyé contre la grille, à
quelques pas de la guérite qui porte le n° 33, il regardait invariablement dans la direction de la rue de la
Paix. Ses yeux quittaient-ils un instant leur ligne
d'observation, c'était pour interroger sa montre dont
les aiguilles, ainsi qu'il arrive à ceux qui atten-
dent, lui semblaient inexplicablement paresseuses.

Au bout d'une demi-heure environ, son visage, assombri depuis quelques instants, s'éclaira soudain. En ce moment, un landau peint en brun et attelé de deux chevaux gris, se montrait au tournant de la colonne Vendôme. Malgré la distance, le jeune homme reconnut cette voiture du premier coup d'œil, et ce fut avec un sourire expressif qu'il la vit s'approcher. Il la laissa venir jusqu'à la rue Rivoli sans changer lui-même d'attitude ; mais dès qu'elle y fut arrivée, il se mit à marcher lentement le long de la terrasse, obéissant, selon toute probabilité, à un sentiment de prudence que les amoureux n'écoutent pas toujours.

Le landau arrêté devant la grille, trois personnes en descendirent. La première était un homme d'environ trente ans, d'un maintien roide et d'une physionomie gourmée, qui affectait la maturité avec autant d'étude que d'autres, plus âgés, mettent d'art à simuler la jeunesse. Vêtu de noir de la tête aux pieds, le cou entouré d'une cravate blanche, la figure scrupuleusement rasée, les yeux protégés par des besicles dont les verres bleuissaient le haut de ses joues blafardes, il offrait un échantillon bien caractérisé de cette classe aujourd'hui si importante qui, par goût, métier ou ambition, se voue aux pénibles travaux du cabinet. Avocat ou journaliste, magistrat ou savant, ce particulier, quelle que fût en réalité sa condition, portait la tête si haut, parlait d'un ton si tranchant, jetai de temps en temps par-dessus ses lunettes un regard si péremptoire, semblait, en un mot, si sûr de sa supériorité, que, pour ne pas partager aussitôt cette conviction, ceux qui le voyaient pour la première fois avaient besoin d'une certaine dose de scepticisme.

Le second personnage qui sortit du landau était beaucoup plus âgé que le premier. Il avait dû être fort bien vingt ans auparavant, et si ses cheveux gris annonçaient le déclin, il conservait du moins les avantages que l'âge respecte parfois après avoir détruit tous les autres. Sa tournure était noble et ses traits offraient une remarquable distinction. On eût vainement cherché sur sa personne ou dans son costume quelques-uns de ces artifices infructueux qu'emploient les vieillards récalcitrants pour communiquer au public l'illusion qu'ils se font à eux-mêmes. Tout en lui était simple avec élégance, sérieux sans affectation. L'expression habituellement mélancolique de sa physionomie pouvait, il est vrai, faire supposer qu'il n'avait pas dit adieu sans regret aux frais plaisirs de la jeunesse, mais cette gravité même ne manquait pas de charme, et il était difficile de l'observer pendant quelque temps sans éprouver la sensation, triste et douce à la fois, que cause la pâle sérénité d'une belle soirée d'automne.

Au lieu d'imiter son compagnon qui déjà s'était dirigé vers le jardin, le plus vieux des deux hommes, après avoir mis pied à terre, se retourna pour offrir la main à une troisième personne dont l'aspect seul justifiait la longue faction que venait de monter le premier des acteurs de ce récit. C'était une de ces jeunes femmes, Parisiennes par excellence, qui, à des charmes réels, joignent toutes les grâces de convention que l'éducation moderne développe aux dépens

d'avantages moins brillants, mais plus solides; dia-
mants faux quelquefois, mais si bien taillés, si par-
faitement polis, si admirablement montés, que pour
en chercher les défauts il est besoin d'un courage
brutal dont peu d'hommes sont capables. Cette séduisante créature, blonde aux yeux bruns et au teint
rosé, portait une robe de soie de couleur mauve, et,
par-dessus, un court manteau de velours noir, bordé
de fourrure blanche. Un chapeau de même étoffe que
le manteau et un manchon d'hermine complétaient
une toilette en harmonie avec la température de la
journée qui, participant du printemps par le soleil,
par le froid appartenait encore à l'hiver.

En descendant de voiture la jeune femme prit le
bras que lui offrait l'homme d'un âge mûr, et franchit
d'un pas léger les degrés qui conduisent à la terrasse
des Feuillants. A peine en dedans de la grille, elle
lança à droite, sans tourner la tête, un coup d'œil
rapide qui s'alla fixer avec une précision miraculeuse
sur l'élégant promeneur arrêté à quelque distance.
Celui-ci attendait sans doute ce regard, car il y répondit par un autre fort expressif. La jolie blonde alors
rougit légèrement et porta la main à sa coiffure,
comme pour faire rentrer sous la passe de son chapeau les boucles soyeuses qui pourtant ne cher-
chaient pas en sortir. Au même instant l'homme
qui l'accompagnait lui serra le bras par une crispa-
tion peut-être involontaire, et frappa rudement de
sa canne à pomme d'or le sol de la terrasse.

— Qu'avez-vous donc, M. de Morsy ? lui demanda
la jeune femme d'un air étonné. — Je vous le dirai

quand votre mari nous aura quittés, répondit-il en fronçant le sourcil. — Pourquoi pas devant lui? Je n'ai pas de secret pour M. Gastoul. — Je le souhaite, madame, dit M. de Morsy avec un accent de tristesse qui adoucissait la sévérité de ces paroles.

L'homme aux besicles continuait de marcher en avant, la tête baissée et les mains derrière le dos, à la manière de Napoléon. Avec la distraction réelle ou affectée de l'homme qui roule dans son cerveau le destin des peuples et n'accorde aucune attention aux objets vulgaires, il coupait à angle droit la grande allée, en se contentant d'adresser un salut vague aux individus des deux sexes qu'il accrochait au passage. Cette laborieuse traversée accomplie, il s'arrêta sur la lisière des marronniers et y attendit ses compagnons qui, d'un commun accord, interrompirent leur conversation avant de le rejoindre.

— C'est ici que je vous quitte, leur dit-il lorsqu'ils furent arrivés près de lui; marquis, je confie madame à votre galanterie chevaleresque et je vous délègue mes pleins pouvoirs. — Vous êtes donc toujours décidé à aller à la chambre? demanda la jeune femme, dont le regard, passant par-dessus l'épaule de son mari, interrogeait la terrasse qui borde la rue Rivoli.

— Je ne puis pas m'en dispenser, ma chère amie, répondit M. Gastoul avec une familiarité bourgeoisement conjugale; la séance d'aujourd'hui est d'un intérêt majeur; on discute la réduction des rentes; et comme c'est une question que j'ai étudiée avec quelque soin, je suis bien aise de voir comment s'en tireront nos honorables. D'ailleurs, M. Barrot doit parler, et il est urgent que je sois là pour lui faire mon compliment. — Vous êtes donc certain d'avance qu'il y aura matière à compliment? dit le marquis d'un air caustique. — Pour qui me prenez-vous? s'écria en ricanant le porteur de lunettes. Ne connais-je pas les devoirs que m'impose ma qualité de candidat à la députation? Je n'ai pas envie d'échouer à Limoges, faute d'un passe-port signé par l'illustre chef de la gauche. — Je croyais l'affaire terminée. — Est-ce qu'on termine rien avec ces gens-là! Voilà huit jours qu'on me renvoie de Caïphe à Pilate. Ma circulaire aux électeurs est prête; il n'y manque plus que l'apostille indispensable, et, au moment où je crois enfin la tenir, on me jette aux jambes un concurrent. — Un concurrent? — Oui. Après avoir réuni presque tous les suffrages du comité, je me trouve aujourd'hui ballotté avec un particulier dont le seul mérite consiste à être le fils d'un conventionnel et à posséder un million en biens nationaux.—Mais il me semble que ce sont là des titres, dit le marquis avec une gravité affectée.—Des titres! interrompit brusquement M. Gastoul; voulez-vous connaître les véritables titres de mon adversaire à la protection des gens qui me l'opposent? c'est d'être un sot, un âne bâté, une cire molle qu'ils pétriront à leur guise, tandis qu'ils craignent de rencontrer en moi moins de souplesse et de docilité. J'ai eu l'imprudence de leur laisser prendre ma mesure, et, vanité à part, il paraît que j'ai quelques pouces de plus que la taille voulue. On me trouve trop indépendant pour un libéral. Aux yeux de certaines personnes c'est un tort irrémissible;...

peut-être leur prévoyance n'est-elle pas sans fonde-
ment... Qu'ils me laissent seulement arriver...

Au lieu d'achever sa phrase, le candidat à la députation lança dans l'espace, par-dessus ses lunettes, un
de ses regards dominateurs dont il croyait la puissance irrésistible.

— Mais en attendant que je sois arrivé, reprit-il
avec dérision, il faut que j'aille faire mon métier de
claqueur parlementaire. S'abaisser pour monter :
voilà le premier article du catéchisme des hommes
politiques.—*Omnia serviliter pro dominatione*, dit
M. de Morsy en souriant. — Du Tacite ! peste ! pour
un gentilhomme à seize quartiers, c'est magnifique.
Mais la séance doit être commencée, et j'arriverai au
milieu de la discussion. Sans adieu !

M. Gastoul salua du bout des doigts le couple dont
il prenait congé, et se dirigea rapidement vers le Pont
Tournant. Le marquis et la jeune femme confiée à sa
garde le regardèrent un instant, tandis qu'il s'éloignait ; ils remontèrent ensuite la grande allée et firent
quelques pas sans se parler. Madame Gastoul se décida la première à rompre un silence embarrassant
pour tous deux.

— Je suis bien aise d'être un moment seule avec
vous, dit-elle avec un sourire forcé ; depuis plusieurs
jours j'ai envie de vous gronder, et l'occasion est trop
belle pour que je la laisse échapper. — En ce cas, répondit M. de Morsy, grondez-moi tout de suite, car
nous ne serons pas longtemps seuls. — Si vous craignez de rencontrer dans cette foule quelque femme
de ma connaissance, nous pouvons passer dans une

autre allée. — Où que nous allions, il est une rencontre que nous n'éviterons pas.—Quelle rencontre? demanda la jeune femme en jouant la surprise.—Celle de la personne à qui, en entrant aux Tuileries, vous avez permis de venir vous saluer.

Une rougeur soudaine s'étendit sur les joues de madame Gastoul, qui hésita un instant avant de répondre.

— J'ai permis à quelqu'un de venir me saluer? dit-elle enfin d'un air contraint.—Je donnerais beaucoup pour m'être trompé, repartit l'homme de cinquante ans en étouffant un soupir. — Moi, qui n'ai parlé à personne!—Il est un autre langage que celui de la parole. — Le langage des fleurs peut-être? Serions-nous en Perse? Je le croirais, en vérité, tant votre histoire me paraît merveilleuse.

A ces paroles, prononcées avec un factice enjouement, le marquis répondit par un regard pénétrant qui fit baisser les yeux à sa compagne.

— Je vous suis assez dévoué pour oser vous déplaire, lui dit-il ensuite; la vérité, que tout autre craindrait de vous faire entendre, je vous la dirai, moi, au risque d'encourir votre haine.

M. de Morsy s'arrêta un instant comme s'il se fût attendu à une interruption; voyant que la jeune femme gardait le silence et semblait à peine l'écouter, il continua d'une voix un peu altérée : Est-il possible qu'avec votre esprit si fin et parfois si moqueur, vous n'ayez pas encore soulevé le masque dont se couvre la présomptueuse et incurable nullité de M. d'Epenoy? — M. d'Epenoy? voilà donc le grand mot lâché! interrompit avec un rire forcé madame Gastoul. —

De grâce, madame, reprit le marquis, par égard pour mon profond dévouement et surtout par respect pour vous-même, ne me démentez pas; car je serais forcé de ne pas croire à vos paroles, et il en coûterait à votre franchise de les prononcer. Il m'est démontré qu'après avoir ri, ou du moins affecté de rire des poursuites de M. d'Epenoy, vous les prenez fort au sérieux aujourd'hui. — Ce qu'il m'est impossible de prendre au sérieux, c'est votre langage. Vous avez juré de me mettre en colère, mais vous n'y réussirez pas; je me sens aujourd'hui d'une patience angélique.

— Cette assurance m'enhardit à poursuivre. Voici donc, puisque vous me permettez de tout dire, quelle a été votre conduite à l'égard de la personne dont nous parlons : raillerie d'abord, tolérance ensuite, encouragement depuis quelques jours. — Encouragement, monsieur ! s'écria la jeune femme avec un accent qui donnait le démenti le plus formel à la vertu qu'elle venait de s'attribuer. — Si je savais un mot plus convenable pour exprimer ce qui s'est passé tout à l'heure, soyez sûre, madame, que je l'aurais employé. — Mais que s'est-il donc passé? au nom du ciel ! car vous me faites mourir avec vos allusions mystérieuses. Voyons : expliquez-vous ? que s'est-il passé? — Rien qui ne se voie ici tous les jours, repartit le marquis en répondant par un sourire plein d'amertume au regard inquiet et irrité que levait sur lui son interlocutrice. Vous voulez venir aux Tuileries; par une si belle journée, quoi de plus naturel que ce désir? M. d'Epenoy se trouve à l'entrée du jardin au moment où vous arrivez, quoi de plus or-

dinaire que cette rencontre? En l'apercevant, vous
portez la main à vos cheveux, quoi de plus simple
que ce mouvement? Et si M. d'Epenoy, attachant à
ce geste machinal un sens convenu d'avance, y avait
lu l'autorisation de venir vous parler; s'il s'était as-
suré que votre mari est allé au Palais-Bourbon; si,
rassuré sur ce point, il était en ce moment derrière
nous, réglant sa marche sur la nôtre; si enfin, lorsque
nous allons revenir sur nos pas, nous nous trouvions
tout à coup en face de lui, et qu'il vous abordât en se
félicitant de l'heureux hasard qui l'a conduit sur votre
passage; ne faudrait-il pas être bien soupçonneux,
bien ridicule, bien injuste pour mal interpréter ce
concours de circonstances fortuites, et voir un arrangement dans ce hasard?

Les jolies femmes aiment les mentors un peu moins
que ne font les jeunes gens : c'est dire qu'elles les dé-
testent. En écoutant le commentaire ironique dont la
conclusion traduisait en rendez-vous positif une rencontre si innocente en apparence, madame Gastoul
ne put s'empêcher de maudire la sagacité du grison
qui lui donnait le bras. En ce moment, chose rare,
elle regretta son mari qui, par la faute de ses lunettes
bleues ou peut-être par celle du mariage même, ne
brillait pas en clairvoyance, et qui, selon son usage,
ne s'était nullement associé aux impitoyables obser-
vations du marquis. Cependant, au lieu de manifes-
ter son dépit, elle leva sur ce dernier ses beaux yeux
où la prudence contenait le courroux, et d'une voix
rendue plus douce encore par un accent de bouderie :
Que vous êtes mal pour moi, lui dit-elle; vous que

je croyais mon ami! Me traiter avec cette dureté! A vous entendre, je suis une femme odieuse; et cependant, qu'ai-je fait? Est-ce ma faute si M. d'Epenoy se promène aujourd'hui aux Tuileries? Et d'abord, est-il bien vrai qu'il y soit? — Oh! madame! interrompit le marquis. — Eh bien! admettons que vous ayez raison. Puis-je l'empêcher d'être ici? — Non; mais lorsqu'il va venir vous parler, vous pouvez l'empêcher de prolonger cet entretien; et c'est ce que je vous demande instamment au nom du respect que vous devez avoir pour vous-même.

Ils étaient arrivés au bout de l'allée. Madame Gastoul se retourna par un mouvement brusque où se trahissait l'irritation que lui causaient les admonestations de son gardien.

— Vos intentions sont sans doute excellentes, dit-elle, mais je ne reconnais ni la nécessité ni l'opportunité des conseils que vous voulez bien me donner. Je persiste à croire que M. d'Epenoy n'est pas ici, ou que s'il y est et qu'il nous rencontre, il se contentera de me saluer. — C'est ce que nous allons voir à l'instant même, car le voici.

Madame Gastoul n'avait pas eu besoin de cet avertissement pour apercevoir à travers la foule l'heureux mortel dont on lui reprochait de trop bien accueillir les assiduités. Réalisant avec une ponctualité rigoureuse les prédictions du marquis, M. d'Epenoy s'avançait lentement sans avoir l'air de songer à mal. La manière insouciante dont il promenait çà et là ses regards annonçait un flâneur plutôt qu'un amoureux. Déjà il n'était plus qu'à quelques pas et semblait près

2

de passer outre sans voir la jeune femme, lorsque
tout à coup ses yeux s'arrêtèrent sur elle, sans qu'il
fût possible de découvrir dans ce mouvement la moindre préméditation. Ses traits, loin de laisser percer le
trouble inséparable, dit-on, de la passion véritable,
n'exprimèrent d'autre émotion que celle d'une agréable surprise. Il ôta son chapeau par un geste empressé,
et s'approcha de madame Gastoul avec une aisance
qui excluait la cérémonie, mais non le respect.

— Quel heureux hasard, madame! dit-il en souriant gracieusement.

De toutes les manières d'entrer en conversation, la
mise en cause du hasard était la plus malhabile; car
cette banalité ironiquement prévue par le marquis se
trouvait d'avance frappée d'un ridicule complet. Outrée de la gaucherie de l'élégant jeune homme qui
cherchait à lui plaire, madame Gastoul, pour toute
réponse, lui lança un regard mécontent, tandis que
M. de Morsy riait tout haut avec affectation.

M. d'Epenoy les regarda l'un et l'autre d'un air un
peu surpris; mais au lieu de se déconcerter comme
eût fait peut-être un champion moins aguerri, il
adressa au marquis un salut familier, et se penchant
de nouveau vers la jeune femme :

Si je rends grâce au hasard, dit-il en appuyant
selon l'usage sur sa maladresse, c'est qu'à part le plaisir qu'on éprouve toujours à vous voir, il me tire
d'une inquiétude mortelle. Hier au soir, à l'hôtel Castellane, vous vous êtes trouvée mal. La cohue qui
encombrait les appartements, ne m'a pas permis d'arriver jusqu'à vous, et en apprenant que vous étiez

partie, j'ai craint que vous ne fussiez sérieusement malade.

— J'ai failli l'être en effet du dépit que m'a causé ce sot accident, répondit madame Gastoul avec un enjouement affecté. J'ai horreur des évanouissements, car je sais que beaucoup d'âmes charitables n'y croient pas. Je puis vous assurer cependant qu'il n'est entre dans le mien aucune intention de me rendre intéressante, et que la chaleur excessive du salon où j'étais, en a été l'unique cause.

Tandis que la jeune femme parlait, M. d'Epenoy s'était rangé à côté d'elle comme pour l'engager à continuer une promenade qu'il semblait décidé à partager. M. de Morsy remarqua cette manœuvre, mais au lieu de la favoriser en se remettant en marche, il s'appuya fortement sur sa canne et resta plus immobile qu'un navire à l'ancre. Réserve, prudence ou timidité, madame Gastoul ne crut pas devoir prendre l'initiative que sollicitait la pantomime de son adorateur. Furieux contre le marquis, dont il avait maudit plus d'une fois l'hostile clairvoyance, presque aussi courroucé contre l'objet de sa flamme qui, loin de lui venir en aide, semblait désirer qu'il s'éloignât, M. d'Epenoy prit la détermination de ne pas se laisser éconduire comme un écolier; s'affermissant à son tour dans sa pose, et fixant sur ses lèvres un imperturbable sourire, il renoua courageusement l'entretien.

— J'espère, madame, dit-il, que votre indisposition n'aura aucune suite, et qu'elle ne vous empêchera pas d'aller ce soir au bal de madame Davesne?

— J'ai un peu trop dansé depuis quelque temps, répondit madame Gastoul, et mon médecin m'a mise ce matin au régime; mais comme du bal chaque soir au repos absolu, le passage me semblait un peu brusque, il m'a accordé pour transition le théâtre. J'ai la permission de veiller jusqu'à onze heures, pas plus tard. Là dessus le docteur est impitoyable. — C'est donc au spectacle que vous passerez la soirée? reprit le jeune homme en baissant la voix. — Probablement; je n'ai pas encore vu *Chatterton*.

Ces paroles, prononcées avec l'accent de la plus parfaite indifférence, furent accompagnées d'un regard rapide dans lequel l'homme le moins intelligent devait lire ce complément essentiel : Maintenant que vous savez où me trouver ce soir, partez!

M. d'Epenoy n'essaya pas d'éluder un ordre si clair et si peu désespérant. Satisfait du renseignement qu'il venait d'obtenir, il prit congé de madame Gastoul, et s'éloigna en saluant l'homme de cinquante ans de cet air railleur par lequel, dans leurs jours de succès, les amoureux narguent volontiers les importuns, les curieux impertinents, les envieux, les jaloux et tous les autres insectes malfaisants qui pullulent toujours sur le sol de la galanterie.

II

Après le départ de M. d'Epenoy, madame Gastoul

et le marquis reprirent leur promenade et marchèrent quelque temps sans se rien dire. Cette fois la jeune femme semblait décidée à ne pas parler la première. Ce silence, attribué à la rêverie que laisse après elle la présence d'un objet aimé, redoubla l'émotion chagrine de M. de Morsy, qui finit par le rompre après avoir fait un pénible effort pour sourire.

— Madame, dit-il, j'espère que vous ne me refuserez pas la faveur que vous venez d'accorder à M. d'Epenoy, et qu'ainsi qu'à lui vous me permettrez de vous aller voir ce soir dans votre loge, aux Français. — De mieux en mieux ! s'écria madame Gastoul avec un dépit qu'elle n'essaya plus de comprimer ; tout à l'heure j'étais seulement accusée d'avoir permis à M. d'Epenoy de venir me parler ; maintenant me voici convaincue d'aller au spectacle pour l'y voir. Dorénavant, je n'oserai plus ouvrir la bouche ni faire un seul geste. Si mes cheveux se dérangent et que j'y porte la main, c'est un signal que je donne ; si, dans la conversation, je prononce un mot insignifiant, c'est un rendez-vous que j'accorde ! Permettez-moi de vous dire, M. de Morsy, que c'est pousser un peu loin l'esprit d'interprétation. En vérité, vous auriez dû naître en Espagne du temps des auto-da-fé : avec votre talent miraculeux pour métamorphoser en délits les actions les plus indifférentes, nul doute que vous n'eussiez fait un admirable inquisiteur. — Madame, répondit le marquis, sans paraître ému de cette ironie, en me déterminant à vous parler avec franchise, j'ai dû me résigner à vous déplaire. Je poursuivrai ma tâche au risque d'accroître votre mécon-

tentement. Mon amitié pour vous m'impose le devoir
d'éclairer l'inexpérience qui seule vous cache les dangers de votre position. Moins jeune, vous n'auriez
pas besoin de mes conseils; mais puisque votre âge
les justifie, de grâce, ne les repoussez pas. Oui, je le
répète, la tolérance que vous accordez aux assiduités
de M. d'Epenoy est plus qu'imprudente, elle est périlleuse. — Le péril dont vous parlez ne peut exister
que pour des femmes sans vertu, dit madame Gastoul
d'un air de hauteur. — Eh! madame, ce n'est pas de la
vertu qu'il s'agit, c'est de la réputation. Je n'ai pas
besoin d'être rappelé au respect que je vous porte;
mais je voudrais voir ce respect partagé par tous ceux
qui vous connaissent, et je tremble en pensant que la
moindre apparence équivoque peut y porter atteinte.
Le monde, vous le savez, s'occupe de la forme beaucoup plus que du fond; indulgent au vice, il est sans
pitié pour l'étourderie. Peu lui importe l'innocence; à
ses yeux la considération est tout. — Voulez-vous me
donner à entendre que la mienne se trouve compro-
mise? — N'est-ce pas trop qu'elle soit exposée à l'être? —
Parce que, voyant la même société que M. d'Epenoy,
je le rencontre quelquefois dans les salons où je vais!
— Parce que, rencontrant M. d'Epenoy, non pas quelquefois, mais tous les soirs, depuis près de trois mois,
vous lui avez laissé prendre insensiblement près de
vous une de ces positions dont le monde n'admet
jamais la complète innocence. — Ne me parlez pas
de votre monde, il est odieux! — Souvent; mais
équitable ou injuste, il est juge, et ses arrêts sont
sans appel; un homme peut les braver; une femme
doit s'y soumettre.

Madame Gastoul reconnut sans doute la justesse de cette sentence, car elle baissa la tête et ne répondit pas.

— Peut-être m'est-il échappé quelques paroles trop sévères, reprit M. de Morsy d'une voix émue; peut-être, sûre de vous-même, trouverez-vous injurieuses mes alarmes : s'il en est ainsi, rappelez-vous qu'une amitié comme la mienne mérite quelque indulgence, et pardonnez-moi.

La jeune femme leva la tête, et rencontrant les yeux du marquis fixés sur elle avec une expression d'attendrissement que n'a pas d'ordinaire la simple amitié, elle laissa échapper un sourire équivoque.

— Je vous pardonnerai, dit-elle, mais à deux conditions : la première, c'est que vous ne me tourmenterez plus au sujet de M. d'Epenoy, dont l'amabilité ne me semble nullement dangereuse et ne justifie en rien vos inquiétudes; la seconde... — La seconde? répéta M. de Morsy en la regardant attentivement.

— La seconde, reprit madame Gastoul d'un air décidé qui contrastait avec sa précédente hésitation, c'est que vous voudrez bien me permettre de passer tout le printemps à Paris, ainsi que j'en avais l'intention en y venant. — A quel propos voudrais-je vous en empêcher, et comment le pourrais-je? répondit le marquis, dont le front soucieux se rembrunit encore. — A quel propos! après vos remontrances de tout à l'heure la question n'est pas sérieuse. Comment? en usant ou plutôt en abusant de votre ascendant sur M. Gastoul pour lui persuader de transporter à Limoges le quartier général de ses opé-

rations électorales. — Votre mari vous a parlé de
cela? — Je suis bien aise de vous apprendre que
M. Gastoul a quelque confiance en moi. — Eh bien!
s'écria le marquis avec dépit, fût-il vrai que je lui
eusse dit qu'il ferait bien de retourner pour deux ou
trois mois dans le pays où sont vos propriétés, et où
il désire d'être nommé, ne lui aurais-je pas donné un
excellent conseil? Le député qu'il a l'espoir de rem-
placer est condamné par les médecins, et si sa mort
n'est pas certaine, du moins sa démission l'est elle.
D'un jour à l'autre elle peut arriver à la chambre.
Puisque votre mari convoite la succession, ne faut-il
pas qu'il se tienne en mesure de la recueillir? Pour
cela, mon avis est qu'il serait mieux placé à Limoges
qu'à Paris. Je puis me tromper, mais mon intention
est bonne, et je ne m'attendais pas à me voir obligé
de la justifier.

Par une de ces manœuvres subtiles que les femmes
emploient de préférence et le plus souvent avec
succès, la discussion avait été déplacée. Agresseur
d'abord, M. de Morsy se trouvait réduit à la défen-
sive, et il s'en tirait assez mal, selon l'usage des
hommes, qui attaquent toujours mieux qu'ils ne
résistent. Madame Gastoul n'eut garde de compromettre son avantage, en négligeant de le poursuivre.

— A qui persuaderez-vous que vous prenez un
intérêt sérieux à la nomination de M. Gastoul? dit-
elle avec un sourire moqueur ; votre indifférence en
matière politique est trop connue. Que le côté droit
ou le côté gauche compte un député de plus, que
vous importe? Ce n'est donc pas M. Gastoul que vous

envoyez à Limoges, dans l'intérêt de son élection,
c'est moi que vous voulez éloigner de Paris; dans
quel intérêt? permettez-moi de vous le demander.
— Dans le vôtre, madame; dans celui de votre réputation, répondit le marquis d'un ton pénétré. — A
quel titre vous préoccupez-vous ainsi de ma réputation? reprit la jeune femme de plus en plus animée;
qu'un mari, qu'un père, qu'un frère même surveillent
ou dirigent la conduite d'une femme, je reconnais
leurs droits; mais vous, vous n'en avez aucun, et
votre sollicitude n'est qu'une usurpation à laquelle je
suis peu décidée à me soumettre. — Vous contestez
donc à l'amitié son plus précieux privilége? — L'a-
mitié! avec cela on croit répondre à tout. Mais d'abord
il faudrait s'entendre sur ce mot. L'amitié comme je
la conçois est bienveillante, douce, serviable, dis-
crète, et non défiante, grondeuse, intolérante,
tracassière, telle que la vôtre enfin. L'amour peut se
croire le droit d'être maussade, jaloux, injuste;
l'amitié, non.

Madame Gastoul appuya ses dernières paroles d'un
regard si pénétrant, que M. de Morsy, par une timidité habituellement inconnue à son âge, finit par s'y
soustraire en détournant les yeux.

— Vous avez raison, et nous ne nous entendons
pas, dit-il enfin d'une voix mal assurée; à vos yeux
l'amitié n'est qu'une habitude, et je sens qu'elle peut
être une passion.—Tant pis pour elle! s'écria la jeune
femme avec vivacité; à devenir une passion, elle a
tout à perdre et rien à gagner. Je lui conseille donc
de ne jamais sortir de la modération et du calme qui

lui conviennent. Mais, continua-t-elle d'un ton beaucoup plus doux, voilà une dissertation qui nous
éloigne de notre sujet, revenons-y, je vous prie.
Voici le fait dépouillé de toutes les broderies roma-
nesques dont voudrait l'enjoliver votre imagination.
Une pauvre jeune femme, c'est moi, élevée au couvent et confinée depuis son mariage au fond des
montagnes du Limousin, s'est prise d'une belle passion pour Paris, qu'elle ne connaissait pas, quoiqu'elle
y fût née. Quoi d'étrange jusque-là? C'est l'histoire
de toutes les pensionnaires. Six mois de liberté à
Paris, quel beau rêve! N'ai-je pas raison de vouloir
rêver le plus longtemps possible? Eh bien! oui, dussé-je vous scandaliser, je suis décidée à ne pas faire
grâce à mon mari d'un seul jour. Les six mois qu'il
m'a promis sont mes vacances à moi, et j'en veux
jouir jusqu'à la dernière heure. Quel mal fais-je
après tout? Suis-je donc coupable d'aimer, à vingt-
deux ans, le bal, la musique, le théâtre, le monde, le
plaisir enfin? Est-ce commettre un bien grand
péché que de butiner, comme l'abeille, afin de rap-
porter quelques agréables souvenirs dans ma pauvre
ruche où les distractions sont si rares? M. Gastoul
comprend cela, lui, et il est le premier à me dire de
m'amuser. D'où vient que vous blâmez ce qu'il ap-
prouve? — Cela vient de ce qu'un ami voit toujours
mieux qu'un mari. — Cela vient de que vous êtes
aussi méchant qu'il est bon. Oui, il faut avoir un
mauvais caractère pour disputer ainsi un peu d'air
et de soleil à une captive; car notre campagne est
une vraie prison, vous le savez bien. Allons, mon

bon M. de Morsy, poursuivit-elle en donnant à sa voix l'inflexion la plus caressante, voulez-vous être aimable ? voulez-vous que je croie à votre amitié et que j'y réponde par la mienne ?— Que faut-il faire ? demanda le marquis avec une anxiété visible. — Sourire d'abord au lieu de prendre votre air de tuteur, répondit madame Gastoul en souriant elle-même avec une grâce séduisante; puis compatir aux faiblesses d'une pauvre femme folle de la danse, et qui serait désespérée de s'en aller avant la fin du bal. Vous ne savez donc pas que je viens d'acheter encore trois belles robes avec lesquelles je ne me trouve pas trop affreuse? Les garder pour le Limousin, ce serait un sacrilège, convenez-en. Est-ce que vous n'avez pas envie de les voir? Je suis sûre qu'elles vous plairont, et vous savez combien je tiens à votre suffrage! Vous voyez qu'il y aurait de la cruauté à me contrarier. C'est donc convenu : vous ne conseillerez plus à M. Gastoul de retourner à Limoges ; et, s'il vous reparle le premier de cet odieux projet, vous userez de tout votre crédit pour l'en détourner. Cela vous sera facile, car il est plein de déférence pour votre avis. Vous ferez ce que je vous dis là, n'est-ce pas? Vous me le promettez?

Pour résister aux cajoleries de regard, d'accent et de sourire dont fut accompagnée cette demande, il fallait une insensibilité étrangère à l'âme tendre du marquis; et cependant, loin de se rendre, il hocha la tête en signe de refus.

— Votre langage confirme toutes mes craintes, dit-il d'un air morne : Paris a son attrait; mais un intérêt plus fort vous y retient, ne le niez pas : j'en suis sûr. Que votre mari soit aveugle, il ne m'appartient pas de l'éclairer, mais je ne veux pas non plus aider à le tromper.

Depuis le commencement de cette conversation, madame Gastoul avait invoqué à plusieurs reprises la patience et la prudence, ces deux vertus jumelles si nécessaires aux femmes disposées à prendre le chemin de traverse. Pour ployer à la prière sa voix habituée au commandement, pour prodiguer ses plus gracieuses minauderies à l'homme qui s'arrogeait sur elle un droit de censure, toujours odieux lors même qu'il est légitime, mais particulièrement révoltant quand il semble usurpé, elle avait dû dompter la fougue naturelle de son caractère et imposer silence à son orgueil. Un peu lasse déjà de ce rôle, elle en fut entièrement dégoûtée après avoir entendu la déclaration sévère du marquis. D'autant plus irritée qu'elle venait de se montrer plus humble, elle éprouva une violente tentation de se venger, par quelque bonne égratignure, de son inutile patte de velours. Déjà un éclair brillait dans ses yeux, et la contraction sardonique de son sourire présageait une de ces réponses foudroyantes dont les femmes ne sont jamais dépourvues lorsque qu'on les pousse à bout. Par un héroïque effort, madame Gastoul comprima l'explosion près d'éclater, et composant son visage au point de lui donner l'impassibilité d'une figure de marbre : J'ai quelques visites à faire avant dîner, dit-elle ; voudriez-vous me reconduire à ma voiture?

Les conseils du marquis avaient été trop mal accueillis pour qu'il lui parût opportun de prolonger un entretien qu'il ne désespérait pas de renouer avec plus de succès dans un meilleur moment; il inclina donc la tête en signe d'obéissance, et se dirigea aussitôt vers l'entrée du jardin. Pendant ce trajet, aucune parole ne fut prononcée de part ni d'autre. En arrivant près du landau, madame Gastoul quitta le bras du marquis et s'élança sur le marchepied avec l'empressement d'un écolier qui, après avoir tâté de la férule, parvient à échapper à son pédagogue. Ce mouvement fit éclore un triste sourire sur les lèvres de M. de Morsy qui, avant de laisser fermer la portière, se pencha dans l'intérieur de la voiture.

— Vous me détestez? demanda-t-il à voix basse. — Pourquoi ne faites-vous pas ce que je veux? répondit madame Gastoul d'un ton boudeur. — Ce que vous voulez! le savez-vous bien vous-même? — Ce que je sais du moins à merveille, c'est qu'il m'est insupportable d'être contrariée; et puisque vous prétendez être de mes amis, il me semble que vous devriez me témoigner plus de complaisance; car, quand même vous me trouveriez un peu capricieuse, un peu étourdie... ce n'est pas une raison...

Madame Gastoul hésitait à chaque mot, comme si quelque incident inattendu fût venu rompre le fil de ses idées, et le marquis remarqua qu'en lui parlant elle ne le regardait pas. Par un brusque mouvement il tourna la tête, et aperçut aussitôt M. d'Epenoy qui, depuis quelques instants, avait repris sa position derrière la grille. A cette vue odieuse il adressa un salut glacial à la jeune femme et rentra d'un pas rapide dans le jardin. Loin d'éviter sa rencontre, M. d'Epenoy vint au devant de lui, le sourire sur les lèvres.

— Je vous cherchais, dit ce dernier d'un ton dégagé ; je suis chargé d'une commission pour vous, et tout à l'heure j'ai oublié de m'en acquitter. — Une commission ? dit le marquis en s'efforçant de paraître calme. — C'est ma mère qui voudrait vous voir le plus tôt possible. Sans doute quelque négociation matrimoniale pour laquelle votre concours lui est nécessaire. Vous savez que, bon an mal an, ma mère fait sa douzaine de mariages. Je ne conçois pas que M. de Foy ne lui intente pas un procès en contre-façon. Providence des veuves inconsolables et des filles sur le retour, lorsqu'elle n'a pas arrangé une entrevue, présidé à l'achat d'une corbeille ou discuté les préliminaires d'un contrat, il lui semble comme à Titus qu'elle a perdu sa journée. Elle voulait vous écrire, mais comme elle sait que j'ai l'honneur de vous voir à peu près tous les jours, elle m'a chargé de vous présenter sa requête. Si vous voulez aller chez elle aujourd'hui, vous êtes sûr de la trouver. — J'irai, répondit M. de Morsy d'un air distrait.

Pendant ce temps la voiture de madame Gastoul s'éloignait. Quand elle eut disparu, M. d'Epenoy, qui jusqu'à ce moment l'avait suivie du coin de l'œil ainsi que faisait de son côté son interlocuteur, reprit la parole avec un accent de persiflage : Monsieur le marquis, dit-il, savez-vous que tout à l'heure vous avez fait bien des jaloux ? J'en connais plus d'un,

moi le premier, qui enviait votre place ; mais si j'en
crois l'air rébarbatif dont vous m'avez accucilli, on
eût été mal reçu à vous la disputer. Oh ! ce n'est pas
un reproche que je vous adresse ; je sens par moi-
même que, si j'avais l'honneur insigne d'être le chevalier d'une aussi charmante femme que madame
Gastoul, les adorateurs de sa beauté auraient-peu à
se louer de ma politesse ; mais, hélas ! je ne serai
jamais mis à pareille épreuve ; tant de gloire ne saurait être mon partage.

Indiscrétion d'amant ou vanterie de fat, M. d'Epenoy parlait des succès publics auxquels il devait
renoncer, en homme amplement dédommagé par de
mystérieuses victoires. Sous la fausse humilité de son
langage perçait une ironie triomphante qui semblait
dire au marquis : A vous, vieillard, pour qui a passé
l'âge de plaire, si la folie d'aimer vous dure encore, à
vous le droit de donner officiellement le bras aux
femmes dont vous seriez le père, et au besoin l'aïeul ;
à moi, jeune homme, sûr de plaire quand je daigne
aimer, à moi le droit de baiser en secret les belles
mains dont vous ne toucherez jamais que les gants ;
à vous, respectable personnage, la confiance des
maris, car vos cheveux gris leur disent que vous êtes
sans conséquence ; à moi, charmant cavalier, leur
jalousie, car la flamme de mes yeux leur apprend
qu'ils ont en face un ennemi redoutable ; à vous, sur-
veillant fâcheux mais impuissant, les soucis, le
pédantisme et l'humeur chagrine du tuteur ; à moi,
habile et intrépide amoureux, l'art d'endormir
Argus et de fermer la gueule à Cerbère. A vous,

dragon, la garde de la toison d'or; à moi, Jason, sa
conquête.

La bravade de M. d'Epenoy redoubla l'irritation
du marquis, et peut-être allait-il y répondre avec un
emportement peu digne de la maturité de son âge,
lorsqu'il en fut empêché par un troisième personnage
qui se plaça sans façon entre les deux interlocuteurs;
c'était M. Gastoul.

— Eh bien! et ma femme? dit ce dernier d'un air
d'étonnement. — Madame Gastoul avait des visites à
faire, répondit M. de Morsy; je viens de la quitter.
Vous n'êtes donc pas resté à la chambre jusqu'à la
fin de la séance? — Ma foi! j'en ai assez comme ça.
Des phrases, et puis des phrases, et toujours des phrases! Point d'idées, point de logique, point de synthèse!
Bonjour, monsieur d'Epenoy; vous vous portez bien?
— A merveille, monsieur; et vous-même? répondit
le jeune homme qui n'avait pas attendu cette interrogation pour saluer avec toute la prévenance imaginable le mari de la femme qu'il courtisait.

— Les plus simples éléments de la matière mé-
connus ou ignorés! continua le candidat à la députation, en médisant sans scrupule de ses futurs con-
frères; et l'on appelle cela discuter! Au surplus,
marquis, je n'ai pas vu mon homme, qui est au pa-
lais, à ce qu'on m'a dit. C'est donc encore une fois
partie remise. — Messieurs, vous avez peut-être à
causer d'affaires, dit M. d'Epenoy, je ne veux pas
vous gêner. — Ah! je savais bien que j'avais quelque
chose à vous dire, reprit M. Gastoul en le retenant
pas le bras au moment où il s'éloignait. Si vous n'a-

vez rien de mieux à faire ce soir, venez donc aux
Français; nous causerons. Madame Gastoul a fait
louer une loge, et il y aura une place pour vous. Loge
de première galerie, nº 22.

A ce trait de mari, M. de Morsy joignit les mains
et leva les yeux au ciel.

— Accepté! dit avec empressement M. d'Epenoy,
qui s'éloigna en riant sous cape. — Qu'avez-vous
donc? demanda M. Gastoul au marquis; souffrez-vous
quelque part? vous voilà tout pâle!

M. de Morsy était pâle en effet, mais c'était de colère. Mécontent de madame Gastoul, outré contre le
jeune d'Epenoy, la sottise caractéristique par où venait d'éclater l'aveuglement conjugal de l'homme aux
besicles avait mis le comble à son courroux. Peu s'en
fallut qu'à l'exemple de Louis XIV il ne jetât sa
canne, de peur de succomber à la tentation de s'en
servir, procédé qui, de célibataire à mari, eût été
tout aussi blâmable que de roi à gentilhomme. Résis-
tant à cette démangeaison incongrue, le marquis
sentit que sa patience était épuisée, et il ne voulut
pas s'exposer à de nouvelles épreuves.

— Adieu, dit-il brusquement, j'ai aussi des visites
à faire. A ces mots, il s'élança hors du jardin, sans
égard pour les réclamations de M. Gastoul, qu'il laissait un peu surpris de ce départ précipité.

III.

Madame d'Epenoy, chez qui se trouvait appelé le marquis de Morsy, était sa contemporaine, à quelques années près qu'elle avait de plus que lui. Contre l'ordinaire, elle avait pris son parti de vieillir, avec plus de résignation qu'il n'en montrait lui-même : contre l'ordinaire encore, elle ne se croyait pas obligée d'expier, par les austères minuties de la vie dévote, les plaisirs d'une jeunesse qui, au dire de quelques personnes sans charité, avait brillé sous le consulat d'un éclat un peu profane. Chez elle, l'oratoire n'avait pas hérité du boudoir. Les pratiques pieuses, seul intérêt que conservent vers leur déclin tant d'existences féminines, n'occupaient dans la sienne qu'une place assez exiguë ; elle paraissait s'en acquitter par convenance plutôt que par conviction. On ne la voyait à l'église que les dimanches ; elle n'était d'aucune confrérie, et le nom de son confesseur restait inconnu ; aussi, aux yeux de sa société habituelle passait-elle pour un esprit fort, témérité qui ne profite guère aux femmes de cinquante ans, mais qui, dans ce cas particulier, rencontrait une indulgence presque universelle, et si peu ordinaire qu'il n'est pas inutile d'en expliquer les raisons.

Si madame d'Epenoy n'accordait aux choses de la vie future qu'une application peu fervente, en re-

vanche elle apportait au maniement des intérêts
mondains un goût ardent et infatigable. Homme, elle
eût abordé la politique ; comme M. Gastoul, elle aurait brigué la députation, et peut-être fût-elle devenue ministre; femme, elle exerçait l'activité de son
esprit dans une sphère moins retentissante mais non
moins animée. Depuis que la jeunesse évanouie, et
avec elle la beauté, lui avait fermé la carrière de la
coquetterie, acceptant philosophiquement cette mise
en retraite, elle avait formé un établissement nouveau sur un terrain approprié à son âge. Sans parler
d'une fortune assez considérable, qu'elle administrait
avec une vigilante économie dont on connaîtra bientôt la cause, on la voyait sans cesse occupée d'autant
d'affaires qu'il s'en traite dans l'étude d'un avoué en
crédit. Appartenant à l'ancien régime par son père
mort en émigration, et au nouveau par son mari tué
à Montmirail, elle avait dans les deux camps des amis
qu'elle accueillait avec une impartiale bienveillance.
Exempte de préjugés et indépendante par caractère,
elle inclinait sans doute vers les opinions progressives
plus que vers les croyances rétrogrades, mais la sû-
reté de son goût maintenait dans de justes bornes
cette propension à marcher du même pas que le siècle. Elle savait qu'un peu de retard et même de résistance ne messied pas aux vieillards; et que, trop
peu ingambes pour le rôle d'éclaireurs, leur place est
à l'arrière-garde. Après avoir trouvé moyen dans sa
jeunesse d'être coquette avec approbation et privilége du monde où elle vivait, madame d'Epenoy n'é-
tait pas femme à se brouiller avec lui vingt ans plus

tard pour de puériles dissidences ; elle habillait donc
irréprochablement la hardiesse un peu virile de ses
idées, et selon l'usage des gens habiles, faisait passer
le fond à la faveur de la forme. Grâce à cette conduite
pleine de mesure, madame d'Epenoy, qui habitait la
rue de Grenelle-Saint-Germain, avait conquis dans la
société assez peu tolérante qu'elle voyait d'habitude,
une position exceptionnelle dont on eût difficilement trouvé un second exemple. Indévote et libérale,
ce double péché qui eût accablé toute autre, lui
était pardonné par les plus rigides ; il semblait que
ses erreurs échappassent de droit à toute censure, et fussent couvertes d'une indulgence plé-
nière.

Mais la science du monde que déployait madame
d'Epenoy en toute circonstance, n'avait pas établi
seule la considération, et l'on pourrait dire l'ascendant dont elle jouissait dans un assez grand nombre
de maisons. Une cause plus efficace, puisqu'elle était
fondée sur l'intérêt personnel, lui assurait partout
un accueil empressé et affermissait son crédit ; c'était
le profit presque certain qu'on tirait de son commerce. Son ancien désir de plaire s'était transformé
au lieu de s'éteindre ; les affections qu'elle ne pouvait
plus conquérir par la beauté, elle les recherchait par
la prévenance. Véritablement dévouée à ses amis, elle
aimait à rendre service aux indifférents mêmes : mais
en obligeant, elle obéissait moins à l'inclination naturelle d'un caractère officieux qu'à la sollicitation
d'un esprit actif qui lui rendait pénible le repos. Par
cette double raison, sa bienveillance était infati-

gable, et ce n'était jamais en vain qu'on y avait re-
cours.

Madame d'Epenoy se trouvait en excellente position pour satisfaire son humeur serviable : fort ré-
pandue sous l'empire et la restauration, elle conservait des relations avec beaucoup d'hommes influents
de ces deux époques, et, comme nous l'avons dit, par
sa naissance et son mariage elle avait un pied dans
l'ancien régime et l'autre dans le nouveau. Son crédit
s'exerçait sur ces deux terrains avec une assiduité
presque égale; tel qui l'avait rencontrée le matin
dans le salon d'attente d'un ministre, prête à solliciter quelque faveur pour un de ses protégés dévoué
au gouvernement de juillet, pouvait la retrouver le
soir dans un hôtel du faubourg Saint-Germain, plai-
dant la cause d'un réfugié espagnol où d'un prisonnier vendéen. Légitimiste, juste-milieu, républicain,
étaient égaux devant son patronage qui, à l'instar du
soleil, ne faisait acception de personne et luisait pour
tout le monde.

De ce qu'on vient de lire il est facile de conclure
que madame d'Epenoy possédait une clientèle nombreuse; d'ailleurs le ministère bienveillant qu'elle
aimait à remplir n'eût-il eu qu'une seule branche, la
principale, il est vrai, son activité y eût surabondam-
ment trouvé de quoi se tenir en haleine. Cette branche, couverte de haut en bas de feuilles vertes parfois, mais plus souvent de jaunissantes, était celle
dont avait parlé assez irrévérencieusement M. d'E-
penoy dans sa conversation avec le marquis de
Morsy.

Ainsi que la plupart des femmes qui ont accompli leur destinée en connaissant l'amour et la maternité, madame d'Epenoy éprouvait une compassion sincère pour les créatures qu'un sort injuste semble condamner à ignorer toujours l'un et l'autre. Le célibat, dont les hommes tirent quelquefois un assez bon parti, lui paraissait pour son sexe un état anormal, affligeant, presque ridicule; et comme un apitoiement stérile ne convenait pas à la vivacité de son tempérament, à la vue du mal elle songeait d'abord au remède. Les veuves disposées à convoler en secondes noces trouvaient en elle encouragement et assistance; elle s'intéressait chaudement aux filles sans fortune ou sans attraits, dont l'une ou l'autre de ces défectuosités rendait l'établissement difficile; mais c'est surtout à faire refleurir conjugalement les demoiselles montées en graine qu'elle employait la ferveur de ses bons offices. La position de cette dernière classe la touchait particulièrement, et ses droits à un tour de faveur lui semblaient d'autant plus incontestables qu'ils étaient fondés sur l'ancienneté.

— Les pensionnaires ont un avenir, et les veuves un passé, disait-elle quelquefois; à la rigueur elles peuvent attendre, car avec l'espoir ou le souvenir, leur condition est supportable; mais quelle patience prescrire aux vieilles filles qui n'ont, pour se résigner au présent, ni les consolations de la mémoire, ni les illusions de l'espérance?

Conformément à cette distinction équitable, madame d'Epenoy divisait ses protégées en trois catégories, et, quoique également dévouée à chacune, elle s'occupait surtout de celle où l'ennui du célibat, combiné avec la maturité de l'âge, constituait ce qu'elle nommait, en riant, un cas d'urgence. Selon elle, cette urgence commençait à poindre à vingt-cinq ans; à trente, elle devenait impérieuse; à trente-cinq, pour emprunter aux légistes une locution de leur argot, il y avait péril en la demeure; à quarante ans, enfin, la demoiselle à marier passait à l'état d'âme du purgatoire. Lorsqu'à force de démarches et de négociations, madame d'Epenoy était parvenue à tirer de la gehenne où il languissait un des membres de cette dernière subdivision, elle éprouvait l'orgueil que dut ressentir Louis XIV en plaçant son petit-fils sur le trône d'Espagne; orgueil plus juste encore, il faut le dire, car d'un prince à une couronne il y a moins loin que d'une fille deux fois majeure à un bouquet de fleurs d'oranger.

D'après ce qu'on sait maintenant du caractère de madame d'Epenoy, il est inutile d'ajouter qu'elle conformait sa conduite, à l'égard du sexe masculin, aux combinaisons d'hyménée dont elle était occupée sans relâche. Elle accordait peu d'attention aux hommes mariés; car, la bigamie étant interdite, il n'y avait rien à tirer d'eux. Ils ne reprenaient à ses yeux un peu de valeur que quand, pères de famille, ils possédaient sous leur autorité plus ou moins de jouvenceaux habiles à contracter mariage. Mais autre chose était des célibataires; quel que fût leur âge, adolescents sortis la veille des bancs de l'école, ou barbons en puissance de gouvernante, pourvu que la fortune ne les eût pas traités en marâtre, elle les regardait

comme lui appartenant par droit de poursuite, tout
aussi légitimement que le lièvre appartient au chasseur, ou le bâtiment d'une nation ennemie au cor-
saire muni de ses lettres de marque.

La manière dont madame d'Epenoy chassait aux
maris participait du magnétisme; autour d'elle s'é-
pandaient je ne sais quelles vapeurs conjugales qui
finissaient par atteindre au cerveau les célibataires
les plus récalcitrants. Nul ne traversait impunément
cette atmosphère : d'abord le danger restait inaperçu;
mais bientôt, à mesure que l'habile femme vous atti-
rait dans son intimité, on se trouvait pris par une
sorte de courant électrique non moins irrésistible
que celui de la montagne d'aimant dans le conte des
Mille et une Nuits, et l'on sentait ses plus fermes résolutions de vivre et de mourir garçon s'envoler clou
à clou, ferrure après ferrure. Que si l'on échappait à
ce péril, on n'était pas sauvé pourtant. Animée par
la résistance, madame d'Epenoy redoublait son attaque; jusque-là elle avait procédé par détour et par
insinuation plutôt que par agression directe; mais
alors, selon son expression énergique, elle ouvrait
franchement son feu; feu terrible sous d'inoffensives
apparences ! Feu de filles et de veuves, feu de brunes
et de blondes, feu de mineures et de majeures ! Elle
avait de tout dans ses caissons, même des héritières.
Le moyen de se tirer sain et sauf de' cette mi-
traille !

Grâce à sa connaissance du cœur humain, à son
esprit ingénieux, à sa persévérance infatigable; grâce,
en un mot, à des talents supérieurs qui eussent ho-

noré un diplomate de premier ordre, madame d'E-
penoy réussissait souvent dans le charitable ministère qu'elle avait adopté. Elle y obtenait même de
temps en temps des résultats dont elle demeurait
étonnée la première, et qu'elle qualifiait de fabuleux.
On voit combien étaient en réalité légitimes ses
droits au titre de providence des demoiselles à marier, qu'en riant lui avait décerné son fils. Il ne s'é-
coulait pas de jour sans qu'elle ne cherchât à le
mériter encore davantage. Récompensée par la satisfaction un peu vaniteuse que laisse le succès, quelquefois même par la reconnaissance de celles qui lui
devaient leur établissement, elle recueillait en outre
un autre fruit qui seul lui eût paru un bénéfice suffi-
sant : elle employait sa vie ; problème dont la difficulté
augmente à mesure qu'approche la vieillesse, et surtout difficile à résoudre pour les femmes aimables
qui, ayant chanté tout l'été, se trouvent, comme la
cigale, dépourvues d'autant quand la bise est venue.

Les amis de madame d'Epenoy prétendaient qu'il
leur était aussi impossible de se la représenter, sans
l'accompagnement obligé d'une cliente à pourvoir,
qu'il le serait à un artiste de peindre Jupiter sans
barbe ou Cupidon sans ailes. Cette assertion un peu
satirique était pleinement justifiée au moment où a
commencé ce récit, par un colloque confidentiel qui
avait lieu, rue de Grenelle-Saint-Germain, entre madame d'Epenoy en personne et une autre femme cou-
chée sur sa liste indubitablement.

Le lieu où se passait cette conférence était un petit
salon assez bas d'étage, et tendu d'un papier gris, à

bordures veloutées, qui ne se recommandait ni par sa fraîcheur, ni par son élégance. Les meubles dont il était garni semblaient y être à l'étroit. La pendule et les candélabres étaient trop grands pour la cheminée; les tableaux touchaient au plafond; un canapé masquait une porte, tant il était disproportionné à l'exiguïté du local. Ces meubles évidemment avaient appartenu à un appartement plus vaste, et sans doute une même raison d'économie, en le réduisant, les avait conservés. Mais, si mesquin et si suranné que parût ce salon, comparé aux magnificences des ameublements modernes, il avait ses habitués et surtout ses habituées, dont l'assiduité ne le cédait en rien à celle que montraient au lever du grand roi les courtisans de l'OEil-de-bœuf. Ce fait n'a pas besoin de commentaires, puisque l'on sait déjà qu'au coin de cette cheminée étroite, sur les rosaces de ce tapis fané, à l'abri de ce paravent mystérieux, fonctionnait une des plus intéressantes industries de la vie sociale : une fabrique de mariages !

Madame d'Epenoy était assise dans une vaste bergère, les pieds sur le garde-feu, et le coude sur une petite table où l'on apercevait pêle-mêle un journal, une tabatière, des lunettes, une boîte de pâte de jujube, le tout sous la garde d'un chat qui dormait. La vivacité de son regard, ses traits réguliers et l'agrément que conservait son sourire, témoignaient de son ancienne beauté, tandis que la franche exhibition de ses cheveux gris et la simplicité de sa toilette disaient avec quelle résignation sans arrière-pensée elle avait accepté son rôle de vieille femme.

En face de madame d'Epenoy siégeait au bord d'un fauteuil, dans l'attitude la plus perpendiculaire, un être en qui l'on était obligé de reconnaître aussi une femme, en raison du châle, de la robe et des autres attributs peu virils dont se composait sa parure, mais qui aurait pu adopter le vêtement masculin sans qu'il fût venu à l'esprit de personne de soupçonner la fraude. Cette créature ossue et mal équarrie avait de gros traits enlaidis par une physionomie chagrine; son teint rougeaud à l'état ordinaire s'enflammait en cas d'émotion, et sa large figure alors ne ressemblait pas mal à un bassin de cuivre rouge. Le fût de la colonne ne dédommageait pas du chapiteau; mais indemnité insuffisante, au contraire de la statue du songe de Nabuchodonosor, qui avec sa tête d'or et sa poitrine d'argent péchait par la base, cet ensemble disgracieux se terminait par d'assez jolis pieds; aussi les méchants disaient-ils que, de toute la personne de mademoiselle Alphonsine du Boissier, c'étaient ses pieds qu'on voyait d'abord, tant, assise ou debout, elle manœuvrait savamment pour attirer sur eux les yeux du public. Nous achèverons ce portrait par une observation qui nous semble indispensable, en disant que l'original n'avait plus que quelques années à parcourir pour prendre place au rang des âmes du purgatoire.

C'est à prévenir cette catastrophe que travaillait principalement madame d'Epenoy depuis quelque temps; et quoique ses efforts eussent obtenu peu de succès, elle y persévérait avec un entêtement admirable. Plus l'établissement de sa protégée rencontrait de difficultés, plus elle prenait à cœur de le conclure ; car l'amour-propre avait fini par joindre son aiguillon à celui de la bienveillance, et la non réussite de ses premières démarches ayant eu quelque retentissement, elle se faisait un point d'honneur de fermer la bouche aux mauvais plaisants par une victoire. En un mot, le mariage de mademoiselle du Boissier était devenu l'idée fixe de madame d'Epenoy, à qui souvent, en causant avec ses intimes de choses étrangères à ce sujet, il échappait de dire d'un air rêveur : Tout cela est fort bien, mais ça ne nous trouve pas un mari pour cette pauvre Alphonsine.

Avec les gens dont la discrétion lui était connue, elle terminait la conversation par cette phrase non moins inévitable que le *delenda Carthago* de Caton, ou le vote du général Bertrand pour la liberté illimitée de la presse : Aidez-moi donc à marier cette pauvre Alphonsine.

En dépit de la criée désespérée dont elle était l'objet, mademoiselle du Boissier n'avait pas encore rencontré le généreux mortel qui devait l'élever au rang de femme. Peut-être fallait-il attribuer aux ennuis de cette longue attente la mauvaise humeur que trahissait ordinairement son visage, et qui au moment dont il s'agit offrait un caractère d'abattement ou plutôt de consternation.

Le silence durait depuis quelques instants dans le salon de madame d'Epenoy. La maîtresse du logis jouait du piano sur sa tabatière, et regardait à la dérobée la demoiselle ultra-majeure qui, les yeux baissés, se tenait sur son fauteuil, roide et immobile, comme la femme de Loth après sa métamorphose.

—Que voulez-vous, mon enfant! dit enfin la vieille dame avec un accent de commisération, c'est désagréable, je l'avoue; et puisque M. Ferrand vous aurait convenu, il est doublement fâcheux que vous ne lui conveniez pas; mais aussi quelle idée de venir à cette entrevue en manches plates?

— Mais, madame, c'est la mode, répondit mademoiselle du Boissier en relevant la tête. — Il est une chose plus importante encore que la mode, c'est le goût. Je n'attaque pas les manches plates, mais elles ne conviennent qu'aux femmes dont le buste et les bras sont irréprochables. — Il me semble...— Il vous semble, ma chère Alphonsine, que vous êtes sans défauts; nous nous faisons toutes plus ou moins d'illusions sur ce chapitre-là; je vous apprendrai, moi qui ai le droit de tout vous dire, qu'un peu d'art ne vous est pas tout à fait inutile; avec des manches raisonnables, vous n'auriez pas fourni à M. Ferrand l'occasion d'exercer son esprit satirique, et peut-être votre

mariage serait-il conclu maintenant. — Ce sont donc
ces malheureuses manches qui lui ont déplu? demanda mademoiselle du Boissier, en étouffant un
soupir. — Pas précisément les manches. — Quoi donc
alors? — Il est inutile de s'arrêter sur ce sujet : c'est
une affaire finie, et le mieux est de n'y plus penser.
— Je vous en prie, répondez-moi; je tiens beaucoup
à savoir ce qu'a pu vous dire ce monsieur. — Rien
d'offensant pour vous; je ne l'aurais pas souffert. Il
s'agit d'une simple plaisanterie. — Ah ! une plaisanterie... — D'assez mauvais goût; mais ce n'est pas par
la légèreté de l'esprit que brillent ces messieurs de la
Faculté. — Enfin, il vous a dit... — Eh bien ! il m'a
dit... Mais n'allez pas vous fâcher. Vous savez que tous
les médecins sont un peu matérialistes; celui-ci paraît tenir beaucoup à la forme. Peut-être l'habitude
de tout observer du point de vue médical influe-t-elle
sur son goût, et il est possible que son antipathie
pour la maigreur vienne de ce qu'il la juge incompa-
tible avec une santé robuste. — Il vous a dit... répéta
mademoiselle Alphonsine d'une voix saccadée.

Malgré sa bonté naturelle, madame d'Epenoy n'é-
tait pas exempte d'un secret penchant à la moquerie,
que légitimait d'ailleurs en ce moment son titre de
protectrice.

— Eh bien ! ma chère enfant, puisque vous voulez
tout savoir, répondit-elle en retenant un sourire,
M. Ferrand m'a dit qu'ayant achevé depuis fort longtemps toutes ses études en médecine, il ne se souciait
pas de recommencer un cours d'ostéologie.

L'indignation produisit sur le visage de mademoi-

selle du Boissier l'effet du soufflet sur la braise. En-
flammée jusqu'aux oreilles, la fille à marier essaya
d'un rire dédaigneux.

— Et moi, dit-elle, je ne me soucie pas davantage
d'épouser un gros homme mal elevé, qui a le nez
rouge et sent le tabac. Il m'avait déplu au premier
aspect ; si je ne vous l'ai pas dit tout de suite, c'est
qu'après la peine que vous aviez prise, je craignais de
vous désobliger.

— Tout cela est à merveille, reprit madame d'E-
penoy en passant la main sur le dos du chat, qui
venait de s'éveiller ; mais je commence à croire à
quelque maléfice dont vous êtes la victime sans vous
en douter. Ce matin je calculais les partis avec qui je
vous ai mise en rapport depuis cinq ans, et je suis
effrayée du chiffre. Vingt-sept ou vingt-huit! Jamais
chose pareille ne m'est arrivée. — Mais, madame,
ce n'est pas ma faute, fit observer mademoiselle
Alphonsine d'un air mélancolique. — Je sais du moins
que ce n'est pas la bonne volonté qui vous manque.
A qui manque-t-elle? Mais cela ne suffit pas. Dans
votre position il faut un certain entregent dont, par
malheur, vous êtes tout à fait dépourvue, et que mes
conseils n'ont pas encore réussi à vous donner. Si
vous étiez très-jeune, très-riche et très-jolie, cela
irait tout seul, et vous n'auriez pas besoin de chercher à plaire ; mais à trente-sept ans...— Trente-six,
madame.

— Peu importe ; avec 80,000 francs de dot
tout au plus et un physique... ni bien ni mal, vous
devez être aimable, fort aimable. Je ne prétends point

dire que vous ne l'êtes pas, mais il s'agit de l'être
avec intelligence et à propos.

Madame d'Epenoy avait été trop aimable elle-
même dans sa jeunesse pour qu'on lui contestât le
droit de professer l'art de plaire. Sûre d'être religieusement écoutée, elle aspira lentement une prise
de tabac et s'étendit dans sa bergère d'une façon un
peu doctorale.

— Ma chère enfant, dit-elle ensuite en montrant
du doigt une console, vous voyez cette urne? Si vous
vouliez la soulever, par où la prendriez-vous? — Par
l'anse, répondit mademoiselle du Boissier du ton
d'une pensionnaire récitant sa leçon.— A merveille.
C'est aussi par là qu'il faut prendre les hommes.
Tous ont une anse, un faible, un goût dominant, une
passion, une manie, si vous l'aimez mieux. Nous
autres femmes nous donnons prise également, mais
d'une manière presque uniforme, par la vanité ou
par le cœur; tandis que chez les hommes le côté
faible varie à l'infini, en raison de la multiplicité des
positions qu'ils peuvent occuper et qui nous sont
interdites. Je vous ai déjà expliqué cela fort souvent.
Peine perdue! Dans vos vingt-sept ou vingt-huit
entrevues, vous est-il arrivé une seule fois de la découvrir, cette anse providentielle, et de la saisir net,
de façon à enlever le mariage d'un tour de main?
Jamais. Loin de là, vous semblez prendre à tâche de
faire tout le contraire de ce qui serait convenable ; et
cependant ce ne sont pas es avertissements qui vous
ont manqué. Pour ne citer qu'un fait, rappelez-vous
la dernière de vos entrevues; pas celle-ci, celle d'il y

a trois mois, avec monsieur... monsieur... — Monsieur de Biancourt, dit la fille à marier d'une voix dolente. — C'est cela; M. de Biancourt. Je vous annonce un homme grave, fatigué du monde, qui, par suite de malheurs domestiques éprouvés du vivant de sa première femme, a pris la coquetterie en horreur et tient avant tout aux qualités serieuses et solides; votre leçon faite en commençant par A et en finissant par Z, me voilà tranquille et persuadée que cette fois tout ira bien. Vous arrivez; que vois-je entrer? une danseuse habillée pour le bal! des fleurs dans les cheveux, une garniture de point d'Angleterre, une robe écourtée outre mesure, afin de mettre en évidence vos pieds, dont, par parenthèse, vous abusez; des camées, des broches, des bracelets! Que sais-je? tout un magasin de bijouterie! Vous n'aviez pas fait trois pas dans le salon, qu'au froncement de sourcils de M. de Biancourt, j'avais jugé votre cause perdue. Observez que c'était un excellent parti, très-debonnaire malgré son air dur, et qu'une fois mariés vous en auriez fait au besoin tout ce qu'en avait fait la défunte; seulement, il fallait ne pas l'effaroucher.
— Vous avez raison, madame, dit mademoiselle du Boissier d'un air pincé; mais je n'ai point de regret de cette maladresse; car si ma toilette n'a pas eu le bonheur de plaire à M. de Biancourt, en revanche, sa personne et sa conversation m'avaient considérablement déplu, et je ne puis que m'applaudir de n'être pas aujourd'hui sa femme.—En vérité, ma chère, il est impossible de prendre plus fièrement son parti, reprit avec un sourire moqueur madame d'Epenoy;

4

je suis persuadée que, si nous passions en revue tous les hommes qui ont décliné le bonheur de vous appartenir, pas un seul ne trouverait grâce à vos yeux ; cependant, plus d'une fois, je vous ai entendue tenir un langage moins superbe. Je me souviens même qu'en général, pour ne pas dire toujours, vous trouviez ces messieurs fort bien ; et je prendrai la liberté de croire, malgré vos dédains d'aujourd'hui, qu'en cas de demande de n'importe lequel d'entre eux, cas qui, à mon grand regret, ne s'est pas présenté, un refus aurait eu de la peine à sortir de votre bouche.

— Mon Dieu ! madame, vous croyez donc que j'ai bien envie de me marier? demanda mademoiselle Alphonsine, dont les joues s'empourprèrent de nouveau. — Plaît-il? dit la vieille dame qui se redressa dans sa bergère, et fixa sur sa protégée un regard d'étonnement ironique. — En tout cas, si je cherche à m'établir, c'est uniquement parce que dans le monde les demoiselles n'ont pas une position convenable, ou plutôt, n'en ont pas du tout : mais quant au mariage en lui-même, je puis bien vous jurer que si je ne consultais que mon goût...—Vous resteriez fille? — Je ne vois pas ce qu'il y a de si attrayant dans le commerce d'un homme, le plus souvent grossier, vulgaire, inintelligent, et toujours égoïste.

Madame d'Epenoy se pencha en avant, et baissant la voix comme si elle eût craint d'être entendue de quelque tiers invisible : Ma chère amie, dit-elle, nous sommes entre nous, et vous savez que je ne vous trahirai pas ; ainsi donc dégonflez-vous, épanchez ce que vous avez sur le cœur, cela fait du bien ; mais ne répétez jamais devant d'autres ce que vous venez de me dire. — Pourquoi donc, madame? — Parce qu'en public, s'il est bon souvent de cacher ses désirs, on ne doit jamais les calomnier. — Je ne dis que ce que je pense. — Je veux vous croire, mais d'autres seraient plus incrédules. En vous entendant maltraiter ainsi ces pauvres hommes, ils se rappelleraient peut-être le renard de la fable et penseraient que vous trouverez le mariage trop vert.

Madame d'Epenoy se renfonça dans sa bergère et prit une nouvelle prise de tabac qu'elle aspira d'un air passablement sardonique, tandis que mademoiselle Alphonsine, les joues plus flamboyantes que jamais, se mordait les lèvres jusqu'au sang. Ce n'était pas la première fois qu'un orage semblait près d'éclater entre la patronne et la cliente. Celle-ci avait besoin d'une patience que son tempérament rendait très-méritoire, pour supporter sans y répondre les moqueries par lesquelles la vieille dame lui faisait payer ses bons offices. En ces occasions, malgré son secret courroux, elle gardait un prudent silence; car, se brouiller avec sa protectrice, autant eût valu renoncer au mariage; mais, pour nous servir d'une locution énergique dans sa vulgarité, il est permis de croire que le diable n'y perdait rien. Quant à madame d'Epenoy, tout en remuant le ciel et la terre pour trouver un mari à *cette pauvre Alphonsine,* elle ne pouvait s'empêcher de lui en vouloir au fond. Elle éprouvait à son égard un sentiment analogue à la mauvaise humeur qu'inspire à un négociant la vue de marchandises sans débit et vieillies dans sa boutique.

— Pendant le temps qu'elle m'a fait perdre, j'en aurais marié douze autres, se disait-elle parfois avec dépit.

En ces moments-là, mademoiselle du Boissier était mal venue à protester de son antipathie pour les hommes et de son indifférence en matière de mariage. Un sarcasme plus ou moins acéré ne tardait pas à lui fermer la bouche; mais la bonté du caractère reprenant bientôt le dessus, madame d'Epenoy n'épargnait rien pour guérir la blessure que venait de recevoir l'amour-propre de sa protégée, et c'est en redoublant d'efforts pour lui trouver enfin un mari, qu'elle cherchait à la lui faire oublier.

Après un court silence, madame d'Epenoy reprit la parole avec un accent d'enjouement : Allons, mon enfant, ne boudez plus. La moue enlaidit les plus jolies femmes. Napoléon et Louis XVIII avaient leurs coups de boutoir; j'ai aussi les miens qu'il faut me pardonner en faveur de mes bonnes intentions. Je vous promets de redoubler de zèle et de ne pas prendre de repos que vous ne soyez convenablement établie. Soyez sûre que nous en viendrons à bout et que vous n'aurez pas perdu pour attendre un peu; seulement j'ai un avis à vous donner ou plutôt une opinion à vous soumettre.

—Je vous écoute, madame, répondit mademoiselle du Boissier un peu calmée par ces dernières paroles.
— Jusqu'à présent vous n'avez pas voulu entendre parler d'un mari qui eût plus de quarante-cinq ans, et encore que de sermons pour arriver là! Il y a deux ans il vous fallait un époux de votre âge; plus tard,

vous avez permis qu'il eût quarante ans ; aujourd'hui vous êtes plus raisonnable, mais il faudrait l'être tout à fait. Si vous m'en croyez, nous reculerons un peu la limite. — A moins d'épouser un vieillard !

— A cinquante ans, un homme n'est pas encore un vieillard.

— Cinquante ans ! s'écria mademoiselle Alphonsine avec un accent où éclatait l'antipathie qu'éprouvent presque toutes les filles d'un certain âge pour les hommes sur le retour ; antipathie que ceux-ci, chose pénible à dire, leur rendent religieusement.

Madame d'Epenoy laissa échapper un signe d'impatience.

— Allez-vous retomber dans vos chimères ? dit-elle d'un ton un peu vif ; faut-il vous répéter mille fois la même chose ? Je vous l'ai dit : la présomption de ces messieurs est si grande qu'à légalité d'âge ils se croient beaucoup plus jeunes que nous, et tel homme de cinquante ans, que je pourrais citer, aurait peut-être l'impertinence de vous trouver trop vieille ; c'est odieux, c'est révoltant, mais c'est ainsi. Prenez donc le monde comme il est, et n'attendez pas de ses préjugés une exception en votre faveur. Pour vous, je dois le dire, un jeune mari n'est qu'un rêve, et je croyais que M. Gastoul vous avait complétement éveillée.

Au nom de M. Gastoul un éclair de haine étincela dans les yeux verdâtres de la demoiselle à marier, et ses lèvres frémirent comme si elle se fût préparée à mordre.

— Je ne sais pas ce que vous voulez dire, répondit

elle avec une indifférence affectée. — Ah ! ma chère,
permettez, repartit madame d'Epenoy qui, trouvant
son élève peu docile à ses leçons, reprenait peu à
peu vis-à-vis d'elle le ton de l'ironie; si vous n'avez
pas de mémoire, j'en ai, moi; et puisque vos souvenirs
sont en défaut, je vais mettre les miens à votre-service.
Il y a quatre ans, vous ne vous occupiez que de
M. Gastoul; vous en parliez sans cesse, et il ne pouvait aller nulle part sans qu'on vous y vît arriver
aussitôt. Pour les moins clairvoyants, il était avéré
que vous aviez conçu le projet formel de lui plaire et
de l'épouser. C'eût été fort bien joué assurément,
puisqu'il a de la fortune, du talent, et cinq ou six ans
de moins que vous. Par malheur, vos bonnes dispositions à son égard n'ont été récompensées que par
l'ingratitude la plus noire. Cet homme sans savoir-
vivre n'a-t-il pas osé plaisanter publiquement des
intentions qu'on vous supposait, et, pour comble
d'impertinence, ne s'est-il pas permis, il y a trois ans,
d'épouser une femme jeune, charmante, bien née, et
qui lui a apporté en mariage trois ou quatre cent
mille francs? En vérité voilà un procédé indigne, et à
votre place j'en garderais une éternelle rancune !

Cette dernière recommandation était superflue, à
en juger par l'expression vindicative qui, au nom seul
de M. Gastoul, s'était peinte sur la physionomie de
mademoiselle Alphonsine; mais le persiflage de madame d'Epenoy irrita au vif la blessure incurable dont
souffrait depuis quatre ans l'amour-propre de la fille
à marier. Ce fut d'une voix altérée par une colère con-
tenue avec peine que celle-ci prit la parole pour ré-

pondre : Il est indubitable que madame Gastoul est plus
jeune que moi, plus riche que moi, plus belle que
moi ; qu'elle possède autant d'avantages que je puis
avoir de défauts, et que je gagnerais beaucoup à lui
ressembler ; pourtant, tout considéré, j'aime autant
lui laisser ses moyens de plaire et rester comme je
suis. — Toujours la fable du Renard! dit madame
d'Epenoy en souriant malignement.

Mademoiselle du Boissier sourit à son tour d'une
manière méprisante.

— Si je ne suis pas riche, reprit-elle, si je ne suis
pas jolie, si je ne suis pas de la première jeunesse, du
moins je n'ai point d'intrigues.

Dans son irritation la demoiselle à marier ne s'a-
percevait pas que la pierre dont elle voulait lapider
madame Gastoul frappait droit à la tête sa protectrice. Celle-ci toutefois n'eut pas l'air de voir dans
cette accusation une personnalité, et elle répondit
tranquillement : Voulez-vous dire par là que madame Gastoul trompe son mari? — Ah! le pauvre
homme! s'écria mademoiselle Alphonsine avec une
insultante pitié. — Ecoutez, ma chère, reprit la vieille
dame d'un ton sérieux ; que vous haïssiez M. Gastoul
qui n'a pas eu l'honnêteté de tomber amoureux de
vous, je comprends cela, et je l'excuse ; mais sa
femme ne vous a rien fait, et cependant vous la détestez plus encore que lui peut-être ; vous ne man-
quez pas une occasion d'en dire du mal, ce qui est à
la fois une méchanceté et une maladresse : une méchanceté, en ce que la conduite de madame Gastoul
ne motive certainement pas vos attaques ; et une ma-

ladresse. car qui dit critique dit presque toujours envie. — Moi, envieuse de cette femme ! ah ! madame !
— Cette femme, comme vous avez la politesse de la nommer, est jeune, charmante, spirituelle, dit-on, fort recherchée dans le monde, et il y a là de quoi faire sécher de dépit certaines personnes. Au fait, qu'avez-vous à lui reprocher? — Moi, rien du tout, dit mademoiselle du Boissier en traînant la voix avec affectation, pas la moindre des choses; seulement je doute que son mari puisse en dire autant. — Mais c'est un acte d'accusation en règle! Voyons, mademoiselle du ministère public, expliquez-vous. On m'a dit que mon fils s'occupait beaucoup de cette dame; est-ce à cela que vous voulez faire allusion? En ce cas, pas de conjectures, pas de suppositions, pas d'ouï-dire; des faits et des preuves. Maintenant vous êtes trop avancée pour reculer; parlez donc, je vous écoute...

L'accent vif et un peu brusque de madame d'Epenoy indiquait l'éveil de sa curiosité. Ses yeux pétillants d'impatience semblaient vouloir arracher de la bouche de mademoiselle Alphonsine les paroles qui tardaient à en sortir. Avant de dépecer, à tort ou à raison, la réputation de la femme qu'elle détestait, la fille à marier sourit bénignement, comme les chats font patte de velours au moment de jouer des griffes.

　— Vous me demandez des faits et des preuves? dit-elle d'un ton doucereux. — Oui, mais des faits certains et des preuves évidentes. — Vous me promettez de ne répéter à personne ce que je vais vous dire? Pour que je vous en parle, il faut que je sois bien

sûre de votre discrétion; car je serais désolée de nuire
en rien à cette dame. — C'est bon, dit assez sèche-
ment madame d'Epenoy; n'en parlez pas plus à d'autres que je n'en parlerai moi-même, et le secret
sera bien gardé. — Eh bien! madame, reprit mademoiselle du Boissier en baissant la voix comme pour
donner plus de solennité à sa confidence, voici ce qui
s'est passé. Hier il y avait une soirée dramatique à
l'hôtel Castellane; j'y étais ainsi que madame Gastoul, et le hasard nous avait placées l'une à côté de
l'autre. La chaleur était excessive et plusieurs personnes s'en plaignaient, ma voisine surtout. Bientôt
je m'aperçois qu'elle pâlit et va se trouver mal. Je la
soutiens; une ou deux femmes se joignent à moi,
nous l'aidons à sortir, et nous la conduisons dans un
salon à côté. Là elle perd tout à fait connaissance, et
tandis qu'on lui fait respirer des sels et qu'on parle
même de la déshabiller, je lui ôte ses gants pour lui
frapper dans les mains. Figurez-vous alors...

Au moment où semblait commencer l'intérêt de sa
narration, mademoiselle Alphonsine fut interrompue
par le domestique de madame d'Epenoy, qui venait
annoncer à sa maîtresse la visite du marquis de
Morsy.

—Vous me conterez le reste plus tard, dit la vieille
dame; je ne puis pas renvoyer M. de Morsy que j'ai
fait prier de venir me voir pour une affaire qui m'intéresse. — Je reviendrai demain, répondit mademoiselle du Boissier en se levant discrètement; adieu,
madame; si j'ai dit quelque chose qui vous déplaise,
j'espère que vous ne m'en voudrez pas. — Eh bien!

où allez-vous donc? reprit madame d'Epenoy qui la vit se diriger vers la chambre à coucher. — Je suis fagottée indignement, et je ne veux pas rencontrer ce monsieur dans l'antichambre; je vais passer par le petit escalier. — Mais il a cinquante ans! dit en riant madame d'Epenoy. — Ce n'est pas une raison pour que je lui fasse peur.

En prononçant ces paroles, qui promettaient une prochaine conversion aux sages maximes de sa protectrice, mademoiselle du Boissier ouvrit la porte de la chambre à coucher et disparut au moment où le domestique rentrait dans le salon pour annoncer le marquis de Morsy.

V

Madame d'Epenoy accueillit le marquis de Morsy avec un empressement familier, annonçant à la fois les liens d'amitié qui les unissaient depuis longtemps et le plaisir particulier qu'elle avait à le voir en ce moment.

.— Je vous attendais, lui dit-elle; j'étais bien sûre que vous viendriez à mon premier appel. Vous avez vu mon fils? — Je l'ai rencontré tout à l'heure aux Tuileries, répondit le marquis. — Pauvre Louis! il ne se doute guère qu'en le chargeant de vous prier de passer ici, je l'envoyais chercher la férule qui doit le corriger. — Qu'a-t-il donc fait? — C'est tout un procès à instruire ; attendez-moi là, tandis que je vais chercher les pièces.

Madame d'Epenoy entra dans sa chambre à coucher, prit plusieurs papiers dans un tiroir de son bureau, et revint ensuite au salon ; mais auparavant elle eut soin de s'assurer du départ de mademoiselle du Boissier, précaution qui semblait indiquer peu de confiance dans la discrétion de la fille à marier.

— Préparez votre patience, dit-elle en s'asseyant dans sa bergère, tandis que le marquis prenait un fauteuil ; il s'agit d'écouter une confidence ; il y a une trentaine d'années vous n'auriez peut-être pas attendu mes avances pour solliciter l'emploi que je vous impose ; aujourd'hui, c'est à moi de risquer le premier pas, trop heureuse encore s'il ne vous fait point battre en retraite.

Le marquis avait accueilli par un sourire mélancolique l'allusion de la vieille dame aux jours de leur jeunesse ; mais, au lieu d'y répondre en appuyant lui-même sur ce sujet, il s'inclina et dit d'un ton sérieux : Vous savez, madame, que je suis le plus dévoué de vos serviteurs. — Je le crois ; et sans plus de compliments je commence. Permettez-moi seulement un préambule indispensable. Il y a cinq ans, lorsque M. d'Epenoy mourut, Louis venait d'atteindre sa majorité ; il entra donc aussitôt en jouissance de la fortune de son père, fortune composée du domaine des Tillots, estimé 140,000 fr., et de mille écus de rente en 5 pour %. C'était un revenu de près de 8,000 fr. dont je ne lui demandais aucun compte ; de plus, il était logé et nourri chez moi, lui, son domestique et ses deux chevaux. L'appartement que j'avais alors dans la rue de Varennes était vaste, et ma fortune personnelle me permettait de faire les choses grandement. Voilà donc M. Louis disposant, à peine majeur, d'une liste civile de 8.000 fr. sur laquelle il n'avait à payer que ses dépenses de toilette, les gages de son domestique, ses stalles aux théâtres et les dîners de garçon qu'il lui plaisait de donner à ses amis. Ne pensez-vous pas que plus d'un fils de bonne maison se fût accommodé d'un pareil budget? — Moi le premier, à son âge, répondit le marquis ; à vingt-deux ans j'étais lieutenant de dragons, et mon père m'allouait pour tout supplément de solde 1,200 fr. par an. — Mon bon sujet de fils parut trouver d'abord sa condition supportable ; mais bientôt la société de jeunes étourdis dans laquelle il s'était lancé lui inspira des idées d'indépendance et de dissipation incompatibles avec une conduite régulière. Sous le prétexte de ménager mon repos qu'il troublait quelquefois en rentrant au milieu de la nuit, il ne tarda pas à m'exprimer le désir de louer un appartement particulier dans le quartier où il avait des relations habituelles De la sorte, je ne penserais plus à veiller en l'attendant, ou mon sommeil ne serait plus interrompu à son retour par le bruit de son cabriolet ; ses chevaux eux-mêmes y gagneraient en étant moins fatigués, et une foule d'autres raisons de pareille force. Cela signifiait que M. Louis trouvait ma domination trop lourde, si tolérante qu'elle fût en réalité, et voulait devenir le maître absolu de ses actions. Que faire? résister, c'eût été compromettre mon autorité. De

quel droit d'ailleurs enchaîner l'existence de mon fils
à la mienne? N'était-il pas majeur?

Je cédai donc malgré moi, et quoique je prévisse
ce qui allait arriver; mais le jour où Louis alla s'é-
tablir dans son nouvel appartement, je ne pus résister
au triste plaisir de prophétiser à la manière de Cas-
sandre. Mon cher ami, lui dis-je, à présent que te
voilà hors de ma tutelle, ton premier soin va être de
manger la fortune de ton père; cela ne sera pas long,
si j'en crois les dispositions que tu manifestes depuis
quelque temps. Si tu es un fou, et je le crains, tu ne
t'arrêteras pas que tout n'y ait passé; si tu deviens
raisonnable, et Dieu le veuille! tu comprendras
bientôt que le bonheur n'est pas dans le déréglement.
Dans tous les cas, le veau gras sera toujours prêt à
être mis à la broche, et plus tôt reviendra l'enfant
prodigue, plus il rendra sa mère heureuse. Maintenant retiens ceci : le bien de ton père t'appartient et
je ne puis pas t'empêcher de le dissiper, mais ma
fortune est à moi, et pour aucune considération je
n'en distrairai la moindre parcelle en ta faveur avant
ton mariage. C'est un dépôt que je te garderai fidè-
lement et que je saurai défendre contre toi-même.
Ainsi, lorsque tu feras des dettes, car tu en feras, ne
compte pas sur moi pour les payer, et rappelle-toi
qu'il sera inutile de donner mon adresse à tes créanciers.

Louis essaya de tourner en plaisanterie mes prédictions et jura de m'édifier par sa conduite. Fort peu
tranquillisée par ces protestations, je mis en pratique
sans délai un plan de vie propre à atténuer les désas-

tres que je prévoyais. Ce fut alors qu'à la grande surprise de mes amis, qui ne comprenaient rien à ma
soudaine avarice, je quittai mon bel appartement de
la rue de Varennes, pour m'établir dans cette modeste
demeure. Je vendis mes chevaux, et je ne conservai
qu'un domestique et une cuisinière; à mon âge, on
se passe fort bien de femme de chambre, et n'ayant
plus de voiture, je n'avais pas besoin de cocher; en
un mot, je réduisis ma dépense au nécessaire de ma
condition. Sur mes trente mille livres de rente, je
m'étais imposé la loi d'en économiser vingt mille, et
il n'est pas d'année où je n'aie mis de côté davantage.
Ainsi, tandis que mon vaurien brûlait ses chandelles
par les deux bouts, je soufflais les miennes comme
Harpagon; ce qui fait qu'en riant de ses extravagan-
ces, on n'épargnait pas ma ladrerie, et que plus d'une
fois dans le monde j'ai eu le plaisir d'entendre circuler
autour de moi le proverbe : A père avare, enfant
prodigue! — Excellente mère! dit M. de Morsy en
pressant affectueusement la main de sa vieille amie.
— Mon fils est un beau jeune homme, qui deviendra,
je l'espère, un homme distingué, reprit madame d'E-
penoy avec un mouvement d'orgueil; ses défauts sont
ceux de son âge, et si sa tête est légère, il a le cœur
excellent. Moi je suis une vieille femme qui ne sers
plus à grand'chose dans le monde; n'est-il pas juste
que je vive pour lui? C'est mon bonheur d'être avare,
puisque en fin de compte, sa fortune dissipée, il se
retrouvera aussi riche qu'auparavant. Mais que serait
devenu ce pauvre enfant, si, au grand chagrin de ma
cuisinière, je n'avais pas appris ce que coûte une livre

de beurre ou une salade?... Savez-vous où il en est maintenant, le Sardanapale? — Il a tout mangé? — Je l'ai craint un instant; de récentes informations m'ont un peu rassurée. Non, il n'a pas encore tout mangé, mais il est au moins au second service. Le domaine des Tillots, que je croyais vendu, est seulement grevé d'hypothèques pour soixante mille francs, presque la moitié de sa valeur! Quant aux rentes sur l'État, elles n'existent plus, comme vous pensez bien. — C'est toujours par là qu'on commence. Mais ces papiers que vous tenez à la main? — Nous y arrivons. Malgré ma déclaration à Louis au sujet de ses dettes futures, vous devinez que plus d'une fois on s'est adressé à moi; lui, jamais, il a trop d'orgueil; mais des tapissiers, des marchands de chevaux, enfin des créanciers moins patients que les autres et qui venaient voir si la vieille mère aurait la faiblesse de se laisser tirer une plume de l'aile. J'avais toujours éconduit ces messieurs fort poliment, en leur disant que les dettes de mon fils ne me regardaient pas; mais avant-hier, pour la première fois, ma fermeté, que je croyais inébranlable, s'est trouvée en défaut. Avant-hier, un homme bien mis, et porteur d'une figure fort respectable, entre chez moi. Madame, me dit-il d'une voix doucereuse en me montrant ces papiers, voici trois billets de mille francs chacun, souscrits par monsieur votre fils. Hier, jour de l'échéance, ils ont été présentés à plusieurs reprises à son domicile, où personne ne s'est trouvé pour les acquitter. Ce refus de payement me met dans la nécessité de faire protester ces billets et de poursuivre le remboursement de mes

fonds par toutes les voies de droit, y compris la contrainte par corps. Avant d'en venir à cette pénible
extrémité, j'ai cru devoir m'adresser à vous, madame,
dans votre intérêt plus encore que dans le mien.
Peut-être aimerez-vous mieux payer ces trois mille
francs, qui sont pour vous peu de chose, que de voir
monsieur votre fils unique en prison. — Vous avez
payé?—Ce bourreau de juif, c'en était un à coup sûr,
parlait d'un ton si tranquille et si révérencieux, que
je ne doutai pas un instant que, si je le laissais sortir
les mains vides, il n'allât aussitôt commencer la pro-
cédure. Je vis mon pauvre Louis sous les verrous, et
toutes mes belles résolutions s'évanouirent. J'allai
donc prendre dans ma cassette trois bons billets de
mille francs que j'échangeai en soupirant contre ces
chiffons. Mais, au moment de consommer cette sottise, le ciel m'inspira une idée dont j'attends un effet
salutaire.—Quelle idée?—Si Louis sait que j'ai payé
ses billets, dis-je en moi-même, il ne s'en inquiètera
plus, et voilà mon argent perdu, sans compter que,
ce premier pas fait, il n'y a aucune raison pour que
je ne sois pas assaillie de créanciers du matin au soir.
Dans ma main ces billets sont du papier mort, car
mon dissipateur ne croira jamais que je veuille m'en
servir; mais dans la main d'un tiers ils peuvent le
tenir en respect. — Le tiers, c'est moi peut-être? dit
M. de Morsy en regardant fixement la vieille dame.
— Qui donc? Chercher un ami sûr à qui je pusse
confier cette épée de Damoclès, n'était-ce pas penser
à vous? Voilà donc les billets dûment endossés et
passés à votre ordre. Maintenant j'espère que nous

tenons mon Louis, et que la crainte d'aller en prison,
s'il ne change pas de conduite, lui fera accepter mes
propositions. Depuis cinq ans sa jeunesse a pu lui
servir [   ]use; mais maintenant il est un homme,
et de plus longues folies compromettraient sérieusement son avenir. Je suis décidée à tenter un coup
d'Etat. Il faut que Louis quitte Paris pour quelque
temps. — Vous avez raison, madame, répondit le
marquis avec une vivacité qui attira un sourire mali-
cieux sur les lèvres de son interlocutrice. — J'étais
sûre que vous seriez de mon avis, répondit celle-ci;
vous avez bien aussi quelque intérêt à ce que Louis
s'éloigne; et puisque l'intérêt est la meilleure base
des alliances, je suis certaine d'avoir en vous un allié
fidèle.

En dépit de sa maturité, M. de Morsy rougit légèrement, et sa réponse trahit de l'embarras.

— Madame, dit-il, j'ignore à quoi vous faites allusion... J'ai beaucoup d'amitié pour Louis... et je ne
comprends pas.—C'est bon, c'est bon. Nous parlerons
de cela plus tard; n'embrouillons pas nos écheveaux.
En ce moment occupons-nous uniquement, s'il vous
plaît, de ce mauvais garnement que je veux, de gré
ou de force, ramener dans la bonne voie; car cinq ans
de sottises, c'est assez. — Mais, madame, vous qui
mariez tout le monde, que ne le mariez-vous?

Madame d'Epenoy joignit les mains et leva les yeux
au plafond.

—Croyez-vous donc, dit-elle, que je n'y pense pas
nuit et jour, que ce ne soit pas là ma méditation,
mon souci, mon insomnie? Pourquoi je ne le marie

5

pas? Qui voudrait de lui? Je ne parle pas des filles à établir, celles-là disent rarement non; mais quel homme sensé, quelle femme raisonnable accepterait pour gendre un étourdi, un mangeur, un fou comme Louis? Je ne me fais pas illusion; en ce moment il n'est pas mariable. C'est pour cela que je veux lui faire quitter Paris. Qu'il voyage pendant deux ans, ou, ce qui vaudrait encore mieux, qu'il s'attache pendant ce temps à quelque ambassade, à quelque légation, à quoi que ce soit, pour avoir l'air de s'occuper; à son retour, ses folies seront oubliées, sa raison sera mûrie, et comme, après tout, ma fortune est toujours là, je me charge de lui arranger un mariage de prince. — Mais s'il refuse de partir? — Alors les billets feront leur office.—Vous n'aurez pas le courage de le laisser aller en prison! — Qui aime bien châtie bien.—Vos entrailles de mère se révolteront!—Vous me croyez faible parce que je suis bonne; eh bien! vous vous trompez. Si Louis ne se montre pas raisonnable, je lui prouverai que je l'aime assez pour le punir; tenez, poursuivit-elle avec un faible sourire, en présentant les billets au marquis, s'il le faut, vous verrez que je saurai dire avec Brutus :

Proculus... à la mort que l'on mène mon fils !

— Je ne vous croyais pas l'âme si romaine, répondit M. de Morsy en souriant à son tour; mais j'espère que nous ne serons pas obligés d'en venir aux moyens extrêmes. — Quand entamerez-vous la négociation? — Dès ce soir. Je dois le voir aux Français.

Il y eut un instant de silence. Madame d'Epenoy s'était remise à sourire en regardant M. de Morsy qui, de son côté, tenait les yeux fixés sur elle avec une sorte d'anxiété, et semblait attendre qu'elle s'expliquât.

— Madame Gastoul va donc ce soir aux Français? dit enfin la vieille dame avec un accent expressif.

La légère rougeur qui avait déjà paru sur les joues du marquis s'y montra de nouveau.

— Je ne sais pas, madame, répondit-il en hésitant; mais pourquoi me dites-vous cela? — Pour vous prouver que, si je vous confie mes secrets, ce n'est pas à charge de réciprocité, et cela pour une excellente raison, c'est que je connais déjà les vôtres. — Mes secrets!... Je n'en ai aucun, je vous le jure! — Il faudrait ne pas rougir. Recevez mon compliment, mon cher marquis; je ne vous croyais pas si jeune.

Quoique la tournure de la conversation parût lui être peu agréable, M. de Morsy n'essaya pas de la changer, manœuvre d'ailleurs qu'eût rendue difficile la disposition railleuse où se trouvait évidemment son interlocutrice.

— Je vois bien que vous voulez vous moquer de moi, dit-il avec un enjouement affecté; mais je ne devine pas à quel sujet. — D'abord je ne veux pas me moquer de vous, pour qui j'ai toute l'amitié imaginable; mais votre manque de confiance mérite d'être puni, et il va l'être. Apprenez, homme sensible et discret, que je sais tout. — Vous savez... — Je sais qu'il existe par le monde, entre la rue du Mont-Blanc et la rue Taitbout, une jeune et fort jolie femme qui

compte, au premier rang de ses adorateurs : 1º un
mauvais sujet de vingt-six ans dont j'ai le souci
d'être la mère ; 2º un homme un peu moins jeune,
mais fort aimable, à qui j'ai le plaisir de parler en ce
moment. D'où je conclus... — On vous a dit que
j'aime madame Gastoul? interrompit M. de Morsy
avec émotion. — Laissez-moi achever. D'où je conclus qu'en chargeant l'homme raisonnable de faire
courir la poste au jeune étourdi, j'ai mis l'affaire en
d'excellentes mains. Rendre service à une vieille amie
en se débarrassant d'un rival ! mais c'est une bonne
fortune qu'une pareille corvée, et vous me devez des
remercîments. — On vous a dit que j'aime madame
Gastoul? répéta le marquis de plus en plus agité. —
N'ai-je pas ma police qui me tient au courant de
tout? dit en riant madame d'Epenoy ; votre passion
d'ailleurs fait assez de bruit pour qu'il m'en soit revenu quelque chose, sans que j'aie eu besoin de mettre mes mouches en campagne. Dix personnes au
moins m'en ont parlé. — Dites-vous vrai? s'écria le
marquis d'une voix si altérée que la vieille dame le
regarda d'un air surpris. — Ah çà, qu'avez-vous? reprit-elle ; vous étiez-vous par hasard bercé de l'espoir
de dissimuler si bien que personne ne vous devinât?
Qu'à dix-huit ans on se fasse une pareille illusion,
je le comprends ; mais à votre âge, on doit savoir que
le monde est un Argus mille fois plus clairvoyant
que l'Argus de la fable, et que celui-là ne ferme
jamais les yeux. — Ainsi, je me suis trahi, dit
l'homme de cinquante ans avec un accent d'amertume, et comme s'il n'eût parlé qu'à lui-même ; ces

sentiments que je croyais enfouis dans mon cœur, l'infernale malignité du monde les a découverts; et peut-être qu'en ce moment de stupides risées les profanent! Si elle savait... — Elle? madame Gastoul? interrompit vivement madame d'Epenoy; en vérité, mon cher marquis, vous me rappelez certain général de l'empire en me faisant marcher de surprise en surprise; sérieusement, vous croyez que madame Gastoul ne s'est pas aperçue de votre amour? — Si elle s'en doutait, j'irais me cacher au bout du monde. — En ce cas, aller commander des chevaux de poste. — Il est impossible qu'elle soupçonne rien. — Et moi, je vous dis qu'elle connaît l'état de votre cœur aussi bien et mieux peut-être que vous ne le connaissez vous-même. — Au nom du ciel, qu'en savez-vous? — Je n'en sais rien, mais j'en suis sûre. Est-ce qu'une femme ne devine pas tout de suite ces choses-là?

M. de Morsy se leva par un mouvement si imprévu qu'il fit tressaillir la maîtresse du logis.

— Vous ne vous doutez pas du mal que vous me faites! s'écria-t-il avec véhémence. — Vous m'avez effrayée, dit madame d'Epenoy; allons, rasseyez-vous et contez-moi vos peines. Vous devez avoir besoin d'en parler, et peut-être y trouverons-nous un remède. Songez que je suis votre plus ancienne amie, et qu'à ce titre j'ai droit à votre confiance. N'avez-vous pas toute la mienne? — Eh bien! puisque vous l'exigez, je vous dirai tout, répondit M. de Morsy en se rasseyant d'un air d'abattement; écoutez donc la confession la plus pénible, la plus triste, la plus humiliante, la confession d'un vieillard amoureux!

VI

Il serait sans doute présomptueux de chercher la moindre analogie entre le marquis de Morsy confessant à sa respectable contemporaine le secret de ses amours quinquagénaires, et le pieux Enée racontant ses aventures héroïques à la reine de Carthage ; cependant il existe un point de ressemblance entre ces deux récits : c'est la religieuse attention avec laquelle l'un et l'autre furent écoutés.

Après s'être un instant recueilli, le marquis commença en ces termes : Quelque extravagante que vous paraisse ma folie, vous ne la jugerez jamais aussi sévèrement que je le fais moi-même. Beaucoup de vieillards se persuadent qu'ils peuvent encore inspirer de l'amour ; je n'ai pas même pour excuse cette fatuité. Je n'ignore pas que pour moi l'âge de plaire est passé sans retour ; je sais qu'aucune qualité de l'esprit ou du cœur ne remplace les avantages de la jeunesse. Je vois mes cheveux gris, mes rides, mon déclin, et cependant j'aime ! avec tristesse, avec amertume, avec humiliation, peu importe, puisqu'en me condamnant je ne me corrige pas. Voici donc ma ridicule et déplorable condition : à cinquante-deux ans je suis amoureux !

Comment m'a prise cette démence ? Je vais vous le dire. Je passe ordinairement l'été dans le Limousin, où j'ai des propriétés qui touchent celles de M. Gastoul.

C'est là qu'il y a deux ans j'aperçus sa femme pour la première fois. Vous savez si elle est belle et séduisante! En la voyant je l'admirai, en la connaissant je l'aimai. Je l'aimai comme je n'avais aimé qu'une seule fois dans ma vie; il y a trente ans de cela, et cette date seule donne la mesure de ma déraison actuelle.

— Trente ans! répéta madame d'Epenoy avec un sourire mélancolique où semblait se réveiller la grâce de ses jeunes années. — Combien vous étiez belle, et quel violent amour vous m'aviez inspiré! reprit avec émotion M. de Morsy; je puis rappeler ce souvenir, car jamais passion plus vraie ne fut plus mal récompensée. Mais qu'étais-je pour vous, si charmante et entourée de tant d'hommages? Une obscure conquête, un rêveur maussade, presque un enfant d'ailleurs! M'avez-vous accordé une seule pensée, dans ce temps où mon plus ardent désir était de mourir à vos pieds? Je l'ignore, et je n'aurais pas eu le courage de vous le demander. Eh bien! tel vous m'avez connu à mon entrée dans le monde, tel je me retrouve aujourd'hui. Trente ans écoulés entre ces deux époques n'ont pas changé mon caractère. Je suis toujours le même homme, songe-creux et timide. A vingt ans ce sont-là des défauts qu'on excuse; mais quel nom leur donner à mon âge? Sa présence, comme autrefois la vôtre, me cause un embarras insurmontable; me regarde-t-elle, je crains qu'elle ne lise dans ma pensée; le son de sa voix me trouble, et quand je la rencontre, je me sens rougir; j'éprouve, en un mot, ces mille émotions ravissantes et cruelles que la première vous m'avez fait connaître; mais quelle différence! il y a trente ans, j'avais le droit d'aimer!

Le marquis pencha la tête en poussant un soupir, et demeura un instant les yeux fixés sur le foyer, tandis que sa confidente le contemplait silencieusement d'un air de sympathie. Quoique la décision de son propre caractère lui fît trouver un peu singulière la timidité chronique de son ancien adorateur, madame d'Epenoy devait s'intéresser aux souffrances d'un cœur dont elle avait eu les prémices. Trop équitable pour lui imputer à crime un second amour quand la solennelle prescription de trente années avait passé sur le premier, elle ne put toutefois s'empêcher d'élever un doute sur la constance fabuleuse dont semblait se piquer M. de Morsy.—La passion modeste et timide est trop rare pour que je ne sois pas édifiée de la vôtre, dit-elle en souriant; mais vous me ferez croire difficilement que depuis mil huit cent quatre votre cœur ne se soit pas aguerri.— Le cœur ne s'aguerrit pas, répondit le marquis : l'émotion est son essence, et en cessant de battre il cesse d'exister. Je ne veux pas me targuer d'une vertu d'emprunt; j'ai eu dans ma vie quelques aventures galantes, mais je n'ai aimé que deux fois, et c'est trop. — Trop d'une fois, ou trop de deux ? dit madame d'Epenoy d'un ton d'enjouement. — Ce n'est pas le passé que je me reproche, c'est le présent. — Ainsi donc, mon pauvre marquis, reprit la vieille dame avec une réminiscence de coquetterie, votre seconde passion vous a rendu encore plus malheureux que la première ! — Les maux dont je me plaignais alors étaient les joies du ciel auprès de mes tourments d'aujourd'hui. J'étais jeune; j'avais devant moi l'avenir, et dans le cœur l'espérance. Mes rêves étaient présomptueux, mais non pas insensés. Entré à la fois au service de l'empereur et au vôtre, j'y marchais du même pas ardent et enthousiaste. Hélas ! mon sang a coulé, et mes larmes aussi, sans que la gloire ou l'amour les ait essuyés. Et pourtant que ne donnerais-je pas pour retrouver une seule de ces illusions déçues ! Souhait stérile ! la vie n'a qu'un printemps, et les illusions ne renaissent pas comme les fleurs. Comprenez-vous cette torture? aimer et vieillir ! — C'est à une femme de cinquante-cinq ans que vous demandez ça? — Oh ! que je vous plains, si vous avez passé par cette épreuve ! Sentir dans son âme un foyer de passion et consumer ses forces à l'étouffer, de peur que quelque étincelle ne trahisse ce volcan ridicule qui bout sous la neige, tel est le sort du vieillard qui aime, lorsque toute raison ne l'a pas abandonné; et c'est là ma vie. J'espérais du moins avoir réussi à cacher ma faiblesse, et, s'il faut vous croire, tout le monde l'a devinée, elle la première ! — Il n'y a pas là de quoi se désespérer. Qu'on dise dans le monde que vous êtes amoureux, que vous importe après tout? Quant à madame Gastoul, soyez sûr qu'elle vous a déjà pardonné. Mais arrivons à un point qui m'intéresse particulièrement : ce bon sujet de Louis se permet donc d'être votre rival ?— Il était écrit que je n'échapperais à aucun genre de ridicule, répondit M. de Morsy en souriant tristement; après la sottise de tomber amoureux, il ne manquait plus que de me trouver en rivalité avec un jeune homme de vingt-six ans, élégant, aimable, entreprenant, bien tourné, en un mot, aussi fait pour plaire que je le suis peu.—C'est que Louis est tout cela ! dit madame d'Epenoy avec un accent de satisfaction maternelle. — J'ai de l'amitié pour votre fils, et je n'ai pas le droit de le blâmer ; mais cependant je vous avouerai que depuis trois mois il m'a pris vingt fois, à sa vue, les tentations les plus tragiques. — Voilà une confidence rassurante !—Ne craignez rien ; quoique bien fou, je ne le suis pas assez pour provoquer un jeun homme, et lui donner ainsi le droit de se moquer de moi en se retranchant derrière le respect dû à mes cheveux gris. Non, Arnolphe n'attaquera pas Valère ; mais s'il peut contribuer à l'envoyer faire des conquêtes en Suède ou en Bavière, soyez sûre qu'il ne s'y épargnera pas. — Oh ! je savais bien que je pouvais compter sur vous, dit madame d'Epenoy en riant. Maintenant voulez-vous que je vous parle raison ? — Eh ! madame, je ne fais que cela du matin au soir. Je m'adresse de magnifiques sermons, puis quand la raison a parlé, la folie agit comme devant. — Mais enfin qui dit amour dit espérance, et puisque vous n'espérez rien...— Non-seulement je n'espère rien, mais si, chose impossible, j'entrevoyais une chance favorable, je ne tenterais nul effort pour la saisir.—Bah ! fit madame d'Epenoy d'un air incrédule. — Sur mon honneur, je dis vrai ; non, je ne voudrais pas d'un succès qu'il me fallût poursuivre par d'indignes chemins. Ne sais-je pas comment se conduisent en pareil cas les hommes de mon âge, par quelles manœuvres hypocrites ils captent l'esprit d'une femme, deviennent ses confidents, ses flatteurs, ses complaisants même, jusqu'à ce que, maîtres de ses secrets, ils exigent le prix de leur discrétion? Cette infamie a ses règles aussi invariables que celles du jeu d'échecs. Savez-vous ce que ferait à ma place un de ces hommes habiles dont je vous parle? En ce moment il trouverait la partie fort belle. Loin de barrer le passage à votre fils, il lui aplanirait tout obstacle, et la brèche faite, il se glisserait à la suite du vainqueur. Cela se voit tous les jours; mais l'idée seule d'un pareil triomphe me révolte. Moi, aider à la corrompre dans l'espoir de la posséder, jamais! Lors même que j'oublie mon âge, je n'échappe pas à son influence. L'attachement que m'inspire cette jeune femme participe de la tendresse d'un père autant que de la passion d'un amant. Quelques années encore, et je serai tout à fait un vieillard; peut-être alors, délivré de ces folles ardeurs dont je rougis, parviendrai-je à l'aimer comme si elle était réellement ma fille. Dès à présent je la respecte en la chérissant, et son bonheur m'est aussi précieux que le mien. Comprenez donc ce que je dois souffrir en la voyant, si pleine d'inexpérience et d'étourderie, en butte à tous les dangers qui peuvent entourer une femme jeune et charmante! Que Dieu veille sur elle! Et en parlant ainsi, c'est pour moi que je prie; car, je le sens, à la chute de cet ange, je mourrais de chagrin.

Quoique madame d'Epenoy eût le droit de trouver assez indiscrète cette allusion aux anges déchus, elle n'eut pas l'air de s'en formaliser.

— Il est impossible de déraisonner plus délicatement, dit-elle avec un accent moqueur. Ainsi donc, à l'âge où la raison doit être enfin venue, vous aventurez votre bonheur sur une seule carte; et quelle carte! la vertu d'une femme de vingt-deux ans, fort jolie, fort aimable, partant fort courtisée, et, si je suis bien instruite, mariée à un sot. — Sot au delà de tout ce que vous pouvez imaginer, reprit le marquis en levant au plafond un regard de courroux. O la brute stupide! ô l'animal de mari!... Mille pardons; mais je n'y puis penser sans colère. Il n'est pas de jour où je ne sois forcé de réparer ses sottises. A voir sa conduite, on dirait qu'il désire par-dessus toutes choses ce que ses pareils redoutent le plus d'ordinaire. Enfin, pour vous en donner une idée, voulez-vous savoir quelle est en ce moment la personne dont il est engoué, qu'il accable d'offres de service et de démonstrations d'amitié? — Mon fils, dit sans hésiter madame d'Epenoy. — Qui vous l'a dit? — Cela vous étonne? reprit en riant la vieille dame. Rien de plus ordinaire cependant. Louis connaît son métier, et M. Gastoul possède les grâces de son état. Voilà tout. Revenons à ce qui vous est personnel; je ne vous dirai pas que vous êtes fou, puisque vous en convenez, mais je vous dirai qu'à tout prix il faut vous guérir. Tout à l'heure j'étais confesseur, maintenant je suis médecin. Répondez-moi donc avec franchise. Quelle est votre manière de vivre? quelles sont vos habitudes, vos occupations? — Je vous l'ai dit, je suis un rêveur, un oisif. Que la république triomphe, mon sort n'est pas douteux, je me vois d'avance retranché du corps social, comme membre parasite et inutile. En attendant je jouis le plus innocemment possible de la fortune que le hasard m'a donnée, et qu'à coup sûr je n'aurais pas eu le talent d'acquérir. Les intérêts et les passions qui remuent les autres autour de moi me laissent presque indifférent. Peu m'importe qui nous gouverne ! c'est à peine si je connais le nom des ministres, et quand je lis un journal je commence par le feuilleton plus souvent que par le premier Paris. Je ne participe aux affaires de mon pays que par le payement de mes contributions, et je ne vais pas même aux élections, tant je trouve peu d'attraits à ces luttes mesquines. Enfant, il m'a été impossible d'apprendre les mathématiques ; homme, la politique m'inspire la même antipathie. Il n'y a là rien pour le cœur, rien pour l'imagination, et chez moi l'imagination et le cœur sont tout. Depuis que je sens et que je pense, je n'ai trouvé dans la vie que trois belles choses, la guerre, l'amour et la musique.

— Ce sont trois belles choses, en effet, interrompit madame d'Epenoy ; mais les deux premières ne conviennent qu'à la jeunesse, et la troisième ne suffit pas à remplir la vie. Maintenant nous tenons le principe du mal, c'est l'oisiveté ; le remède est tout indiqué ; c'est une occupation quelconque. Faites n'importe quoi, mais faites ! Entrez dans une sphère active qui, en exigeant l'exercice des facultés de votre esprit, vous arrache à toutes ces rêveries chimériques dont vous vous nourrissez. Il ne s'agit pas de commencer un surnumérariat ; mais à tout âge on peut trouver l'emploi de son temps. Voyons : s'il vous fallait choi-

sir une carrière, laquelle vous plairait? — Aucune.
— Vous devez vous sentir de l'aptitude pour quelque
chose? — Pour rien. — Oh! vous ne me découragerez
pas! Qu'est-ce que c'est que vos propriétés du Limousin? — Des prairies, des bois, des forges en assez mauvais état. — Mettez-les en bon état. Au lieu de les
amodier, exploitez-les vous-même. Rien ne chasse
l'amour comme l'industrie. — L'aspect d'une forge **est**
assez pittoresque, mais c'est toujours la même chose.
Au bout d'un mois, je serais mort d'ennui. D'ailleurs
je ne suis pas assez pauvre pour désirer de m'enri-
chir. — Vous avez des capitaux; fondez un journal.
— Je ne suis pas assez riche pour risquer de me rui-
ner. — Pas assez pauvre, pas assez riche! Vous y
mettez de la mauvaise volonté. Eh bien! voici autre
chose. Votre famille est connue depuis fort longtemps
dans votre arrondissement, et personnellement vous
devez y jouir d'une considération universelle. Occu-
pez-vous sérieusement de consolider cette influence.
Les gens modérés sont, après tout, les plus nombreux : loin de vous nuire, votre tiédeur peut servir
en certains cas. Votre répugnance pour la politique
n'est sans doute pas invincible; le premier pas fait,
je suis sûre que vous y prendrez goût comme les autres : aux prochaines élections, pourquoi ne vous
mettriez-vous pas sur les rangs? — Eh! madame, que
vous ai-je fait? demanda le marquis avec un accent
de reproche. — Quel mal y a-t-il à souhaiter que vous
soyez député? C'est un fort bel état; on fait des lois.
— Je crois que j'aimerais encore mieux faire du fil de
fer. — Plaisanter n'est pas répondre. — Je ne plai-

sante pas. Moi, qui ne puis me passer d'un homme d'affaires pour administrer ma fortune, comment pourrais-je songer à devenir le factotum de mes commettants? — Il s'agit bien de vos commettants! Mais je m'aperçois que vous êtes un véritable enfant et qu'il est impossible de discuter avec vous. D'ailleurs, tous ces expédients seraient des demi-mesures, qui ne retrancheraient pas le mal par la racine. Il faut quelque chose de plus efficace, il faut un parti décisif qui apporte dans votre vie un changement complet et irrévocable, il faut en un mot...

Madame d'Epenoy s'interrompit en voyant que le marquis saisissait avec précipitation son chapeau, qu'à son entrée dans le salon il avait posé familièrement sur un fauteuil.

— Qu'avez-vous donc? lui demanda-t-elle. — Rien; continuez. — Vous avez l'air de vouloir vous sauver.

M. de Morsy sourit.

— Je prévois, dit-il, que la bombe va partir et je prends mes précautions. — Eh bien! oui, mauvais plaisant que vous êtes, reprit madame d'Epenoy en riant à son tour, il faut vous marier. Je vous l'ai dit cent fois, et, s'il est nécessaire, je vous le répéterai mille. Pour ce que vous appelez vous-même votre folie, il n'est plus qu'un seul remède, c'est le mariage.

— Prenez mon ours! dit à demi voix le vieux garçon.

— Mon cher marquis, vous êtes un insolent. Il ne s'agit pas d'un ours, mais d'une femme aimable, bien élevée, vertueuse, raisonnable, digne de vous plaire en un mot, et capable de vous rendre heureux.

M. de Morsy se leva, et prenant la main de la vieille dame, il la porta galamment à ses lèvres.

— Je sais, lui dit-il, que vous avez en portefeuille
une fort intéressante collection de demoiselles à marier, et je souhaite de toute mon âme que vous trouviez pour chacune d'elles un éditeur responsable,
mais... — Ne comptez pas sur moi. C'est là ce que
vous voulez dire, n'est-il pas vrai, célibataire en-
durci? Vous aurez beau faire, il faudra bien que vous
en passiez par là; mais en attendant votre conversion, n'oubliez pas de venir me rendre compte demain de votre entretien avec Louis. — A deux heures
je serai ici, répondit en sortant M. de Morsy.

Aussitôt après son dîner, le marquis se fit conduire
au Théâtre-Français, où sa passion devait être mise
à de cruelles épreuves.

VII.

On se rappelle la vanité du poëte Lemierre qui,
voyant la salle de la Comédie-Française à peu près
vide à une représentation de la *Veuve du Malabar,*
disait à ses amis : Société peu nombreuse, mais bien
choisie! Cette naïve gasconnade de l'amour-propre
en détresse n'eût pas trouvé à se produire le soir dont
nous parlons. Les souffrances de Chatterton éclataient
devant un auditoire plus nombreux encore que choisi.
Du parterre aux bonnets d'évêque la salle était pleine,
et les musiciens, expulsés de l'orchestre, avaient ren-
gainé leur symphonie en remerciant mentalement

l'auteur du drame du congé que leur donnait son succès.

Au premier rang d'une loge placée derrière la galerie, madame Gastoul se faisait remarquer par l'éclat de sa beauté et l'élégance de sa toilette. A côté d'elle on apercevait une dame d'un âge mûr, d'une laideur honnête et d'un maintien convenable; une de ces figures d'accompagnement que s'associent volontiers les jolies femmes, sachant bien qu'elles n'ont rien à redouter du contraste. Dans le fond de la loge M. de Morsy était assis près de M. Gastoul. Tandis que le mari débonnaire, au lieu d'écouter la comédie par où commençait le spectacle, contait pour la vingtième fois à son voisin les soucis que lui causait la manie de la députation, l'amoureux de cinquante ans couvait des yeux madame Gastoul; et comme, pour qu'il vît sa figure, il eût fallu qu'elle tournât la tête, ce qu'elle évitait de faire, il étudiait ses moindres gestes, ses mouvements. les plus fugitifs, avec l'anxiété soupçonneuse qui abaisse les jaloux au niveau des espions.

Soit que, devinant instinctivement cette surveillance, elle s'en trouvât offensée; soit qu'une autre préoccupation altérât la sérénité de son humeur, la jeune femme semblait éprouver un malaise qu'elle ne parvenait qu'incomplétement à dissimuler. Son visage, il est vrai, conservait l'impassibilité qui dans le monde est d'étiquette pour les femmes, lors même qu'elles sont secrètement émues, mais le frémissement de ses boucles d'oreille et la manière dont ses doigts martelaient l'appui de la loge, comme si c'eût

6

été le clavier d'un piano, trahissaient une irritation nerveuse, suffisante pour justifier l'inquiétude du marquis.

Au moment où finit la première pièce, madame Gastoul, irrésolue jusqu'alors, prit brusquement son parti.

— N'aviez-vous pas envie de parler à M. Barrot? dit-elle en se tournant vers son mari. — Sans doute, répondit celui-ci; mais il n'était pas à la chambre. — Je viens de l'apercevoir au balcon. — Où ça? s'écria le candidat électoral, qui se pencha vivement par-dessus la tête de sa femme. — Il est sorti quand le rideau est tombé; mais c'est bien lui, j'ai reconnu son front monumental.

M. Gastoul décrocha son chapeau de la patère où il l'avait suspendu et ouvrit avec empressement la porte de la loge.

— Venez, marquis, dit-il en s'élançant dans le corridor, nous le trouverons sans doute au foyer.

Si insignifiantes qu'elles parussent, les paroles de la jeune femme avaient éveillé la défiance de M. de Morsy.

—Madame s'est peut-être trompée, dit-il sans quitter sa place; d'ailleurs vous n'avez pas besoin de moi. — Si fait, pardieu! reprit M. Gastoul; vous êtes un des personnages les plus considérables de notre arrondissement, et votre appui peut m'être fort utile. Que diantre! je connais votre obligeance. Vous n'êtes pas homme à me refuser un coup d'épaule dont j'ai besoin.

Joignant l'éloquence du geste à celle de la parole,

d'une main il prit le marquis par le bras, de l'autre, lui présenta son chapeau, et, bon gré mal gré, le tira hors de sa loge.

Débarrassée des fâcheux qui la gênaient, madame Gastoul, sans perdre un instant, porta la main à ses cheveux et lança un regard expressif vers le coin de l'orchestre où était posté Louis d'Epenoy. Quoiqu'il eût reçu du mari lui-même ses entrées officielles dans la loge, celui-ci attendait le signal, car la stricte observation de la consigne est de rigueur pour les amoureux comme pour les soldats. Un instant après il était assis à la place que venait de quitter à contre-cœur M. de Morsy. Quelques lieux communs furent échangés entre les deux femmes et le jeune homme. Tout en plaçant dans la conversation sa quote-part de phrases banales, ce dernier se tenait aux aguets, pensant bien qu'on ne l'avait pas fait monter sans motif. Son espoir ne tarda pas à se réaliser.

— Regardez donc quelle charmante personne vient d'entrer à l'avant-scène de droite! dit tout à coup la jeune femme.

La vieille dame braqua sa lorgnette dans la direction indiquée; aussitôt madame Gastoul passa derrière le dossier de sa chaise une main furtive qui, après avoir effleuré celle de Louis, y glissa un billet avec une émotion facile à comprendre; c'était le premier.

Cette fois d'Epenoy n'attendit pas le regard qui lui prescrivait ordinairement de mettre fin à ses visites. Il se leva sans songer à préparer sa sortie, et

prit congé des deux femmes avec une précipitation
dont ne pouvait guère s'offenser celle qui en était la
cause. Sans perdre du temps à chercher un lieu plus
propice, il s'arrêta dans le corridor près du premier
quinquet, et déploya en toute hâte la bienheureuse
lettre qu'il avait sollicitée en vain si longtemps. En
la lisant il devint soucieux ; ses sourcils se froncèrent
et une exclamation de dépit s'échappa de ses lèvres.

— Au diable les vieilles filles ! — Vous êtes tragique,
ce soir, répondit une voix qu'il ne reconnut pas,
tant elle était altérée.

D'Epenoy leva la tête, et aperçut devant lui M. de
Morsy, dont les joues étaient couvertes d'une pâleur
mortelle. Contrarié de cette rencontre, il plia le billet sur lequel le marquis fixait des yeux étincelants,
et le cacha dans la poche de son gilet.

— Je vous demande pardon de ne pas m'arrêter,
lui dit-il ; je suis obligé de sortir.

Il s'éloigna aussitôt ; mais, au lieu de quitter le
théâtre, il entra dans le foyer, et commença de s'y
promener d'un air si pensif que son meilleur ami
eût craint d'être indiscret en l'abordant. Toutefois
cette préoccupation eût paru de la gaieté, auprès du
sombre abattement qu'exprimait au même instant
la physionomie du marquis.

— Elle lui écrit ! s'était dit ce dernier en voyant
s'éloigner son rival.

A cette pensée désespérante il ne put retenir un
gémissement étouffé, qui attira près de lui une des
ouvreuses.

— Monsieur, est-ce que vous êtes malade ? demanda charitablement la bonne femme; vous êtes pâle que ça fait peur !

Le marquis se déroba brusquement à cette compassion importune, et, après avoir erré un instant par les corridors, il finit par entrer à son tour dans le foyer, où la foule affluait entre les deux pièces. Une des premières figures qu'il aperçut fut celle de d'Epenoy, qui continuait sa promenade sans faire attention à personne. A cette vue, il s'arrêta, incertain de ce qu'il voulait faire, et près de succomber à l'une des plus violentes tentations qu'il eût éprouvées dans sa vie. Subitement rajeuni de vingt années, et torturé par une atroce jalousie, M. de Morsy roula pendant un instant dans son esprit l'absurdité suivante : Si j'allais lui arracher cette lettre ?

A mesure que son cerveau fermentait, des gouttes de sueur lui humectaient le front. Par un mouvement machinal il voulut prendre son foulard pour les essuyer : incident inattendu ! il rencontra dans sa poche une main étrangère qui, se sentant saisie à l'improviste, essaya de fuir, mais en vain. Le marquis, soudainement arraché à ses pensées orageuses, fit un brusque demi-tour sans lâcher prise et se trouva en face d'un jeune homme proprement vêtu et porteur d'une physionomie ingénue. Après avoir tenté un nouvel effort pour recouvrer sa liberté, cet agréable voleur reconnut sans doute la supériorité du poignet qui maîtrisait le sien ; car cessant aussitôt de se débattre, il leva sur le marquis un regard suppliant : Au nom du ciel, mon cher monsieur, ne me perdez pas, lui dit-il tout bas d'une voix san-

glotante, ayez compassion d'un malheureux père de
famille sans ouvrage; cinq enfants à nourrir! rien
mangé depuis deux jours !

Quoique la jeunesse du drôle et l'embonpoint en-
luminé de son visage ôtassent toute vraisemblance
à son jeûne ainsi qu'à sa paternité, M. de Morsy, au
lieu de faire appeler un sergent de ville, attira son
prisonnier dans l'embrasure d'une fenêtre où ils
étaient moins exposés à être écoutés : Quand on fait
un pareil métier, lui dit-il, il faut être adroit, et tu
ne l'es guère. — Le plus malin peut être pris, répondit le voleur un peu rassuré, mais blessé dans
son amour-propre; si vous êtes juste, vous convien-
drez que vous avez porté la main à votre poche par
hasard, et non parce que vous y avez senti quelque
chose. — Eh bien! puisque tu as si bonne opinion
de ton adresse, j'ai envie de la mettre à l'épreuve.

Le voleur contempla le vieillard d'un air ébahi,
et fut tenté de le prendre pour un confrère d'une
hiérarchie supérieure.

— Qu'est-ce que je risque? pensa-t-il; puisque je
suis pincé, il ne peut rien m'arriver de pis. — Au
lieu de filouter des foulards, veux-tu gagner dix
louis? continua le marquis en le regardant fixement. — Cette question! répondit le jeune indus-
triel, les yeux de plus en plus écarquillés; où est
l'ouvrage? — Vois-tu ce jeune homme en redingote
noire et en gilet de cachemire, qui se promène seul,
celui qui a une épingle d'émeraude à sa cravate? —
Le blond à moustaches? — Oui. Il a dans la poche
droite de son gilet un billet. — De banque? inter-

rompit le voleur, dont les narines se dilatèrent comme celles d'un chien qui tombe en arrêt. — Eh non ! une lettre. D'ailleurs tu verras bien. C'est une lettre qu'il me faut. Empare-t'en et me l'apporte, les dix louis sont à toi. — Ça va, préparez les jaunets.

Sans autre explication, le filou se mit à l'œuvre. Une minute après il se promenait côte à côte avec d'Epenoy, épiant un moment favorable qui ne tarda pas à se présenter. La sonnette du foyer ayant annoncé le lever du rideau, la plupart des promeneurs se dirigèrent simultanément vers la porte, et comme il arrive toujours en pareil cas, cette sortie générale occasionna un instant de presse et de confusion dont sut profiter le tireur de foulards. M. de Morsy, qui était resté près de la fenêtre où il attendait avec anxiété le résultat de ce coup de main, vit bientôt reparaître, leste et glorieux, l'agent étrange offert par le hasard à sa jalousie.

—Voilà le poulet, dit celui-ci ; où sont les oiseaux ?

Le marquis entr'ouvrit à la hâte le billet dont il reconnut l'écriture au premier coup d'œil ; glissant alors les dix pièces d'or dans la main de son émissaire, il le congédia d'un geste.

— Suffit et motus, dit le voleur en emportant l'argent ; si vous avez besoin de moi, demandez Petit-Joly à l'estaminet des Trois-Billards, boulevard du Temple.

A ces mots il s'esquiva très-satisfait de sa soirée ; car, outre les 200 fr. du marquis, il venait de trouver dans la poche de d'Epenoy une fort jolie montre, tellement adhérente au billet qu'il n'avait pu se ré-

soudre à les séparer. Au moment où le voleur sortait
du foyer par une porte, le volé y entrait par une
autre.

— Où courez-vous ainsi tout effaré? lui demanda
le marquis en l'arrêtant au passage. — Après un bri-
gand qui vient de me voler ma montre, répondit
d'Epenoy d'une voix entrecoupée. Je le reconnaîtrais
entre mille : un rougeaud en redingote brune. Vous
ne l'avez pas vu?

Sans attendre la réponse de M. de Morsy, le jeune
homme reprit sa course, descendit d'un trait jusqu'au
vestibule et donna l'éveil aux agents de la police.
Peine perdue, le filou avait disparu.

— Le vol de ma montre est une bagatelle, se dit
alors Louis, les poings serrés de fureur; mais la lettre
d'Emilie! Le gredin l'aura prise pour un billet de
banque!

Les passions sont peu scrupuleuses, la jalousie
moins que toute autre. Au tigre affamé tout chemin
est bon pour atteindre sa proie, au jaloux soupçonneux tout expédient semble légitime pour éclaircir
ses doutes : témoin la cachette ou Néron espionne
Britannicus; témoin le billet de Nérestan intercepté
par Orosmane; enfin, s'il nous est permis de rappro-
cher de si hauts personnages un des acteurs de cette
frivole esquisse, témoin le marché conclu par M. de
Morsy avec un voleur de profession.

Grâce à cette étrange transaction, le marquis se
trouvait maître d'un secret qu'il n'avait pu qu'effleu-
rer jusqu'alors, malgré l'activité de sa surveillance.
Le cœur d'une femme est trop profond pour que

l'observation la plus clairvoyante en puisse sonder tous les replis, et ce n'est qu'en s'ouvrant de lui-même qu'il laisse échapper son dernier mot. Chose déjà certaine aux yeux du vieillard, madame Gastoul marchait depuis trois mois sur ces sables mouvants qui ne rendent plus leur victime une fois qu'ils l'ont saisie ; mais jusqu'à quel point était-elle engagée dans cette arène impitoyable, il l'ignorait encore, et c'est ce qu'elle-même allait lui apprendre. En ce moment décisif, M. de Morsy sentit chanceler son courage. Au bord de la vérité il s'arrêta comme devant un précipice. Au lieu de lire sur-le-champ le billet, ainsi qu'il y était résolu quelques minutes auparavant, il le garda convulsivement serré dans sa main. Le cœur rongé d'angoisse, il lui eût été impossible de rentrer dans la loge et de se retrouver assis près de madame Gastoul ; il sortit donc du théâtre, ne sachant où il allait, et marcha longtemps au hasard dans les rues, insensible à une pluie fine et glaciale, sourd aux cris des cochers, et se heurtant aux passants qu'il regardait sans les voir. A près de minuit il finit pas se retrouver dans son appartement, ignorant comment il y était arrivé. Là, son vertige s'étant dissipé peu à peu, il se débarrassa de son valet de chambre qui, en le voyant rentrer par un temps affreux, à pied et en désordre, avait décidé mentalement que la raison de son maître était en train de déménager.

Le marquis, resté seul, demeura quelque temps assis, l'œil morne et le front penché sur la poitrine. Enfin, par un de ces violents sursauts qui signalent le réveil de l'énergie, il se redressa sur son fauteuil, déploya d'une main ferme la lettre dont le contact seul semblait avoir brisé les ressorts de son âme, et lut sans s'arrêter les lignes suivantes :

« Depuis hier j'éprouve une inquiétude inexprimable, et vous en êtes cause. Jugez si j'ai raison de m'alarmer. Hier, sachant que je vous rencontrerais à cette odieuse soirée de l'hôtel C... et cédant, après tant de refus, à je ne sais quel mauvais génie, je vous avais écrit. C'était une première faute, et le châtiment ne s'est pas fait attendre. Comme je n'ai aucun usage de ces folies, je ne savais où cacher mon billet; à la fin j'ai imaginé de le mettre dans un de mes gants. Imprudence horrible! pourvu qu'elle ne soit pas irréparable... Vous vous rappelez que je me suis évanouie; en reprenant connaissance, je me suis trouvée dans un petit salon avec trois ou quatre femmes fort charitables en apparence. Ma première pensée a été pour mon billet. Je regarde mes mains, elles étaient nues. Je cherche mes gants et les aperçois sur le divan où l'on m'avait placée; je m'en empare; on m'avait prévenue : le billet n'y était plus. Près de retomber en faiblesse, je regarde les femmes qui m'entourent. Deux d'entre elles me semblent de bonnes personnes inoffensives; mais la troisième! Vous allez comprendre ma terreur quand vous saurez que dans la troisième je reconnais ma bête noire, mon cauchemar, mon ennemie acharnée, la favorite de votre mère, qui, depuis dix ans au moins, n'a pas pu parvenir à la marier, mademoiselle du Boissier, en un mot, puisqu'il faut la nommer. A l'affreux sourire qui errait sur sa vilaine bouche je compris tout.

C'est elle qui m'a dégantée, sous prétexte de me se-
courir ; c'est elle qui m'a pris mon billet ; c'est elle
qui tient ma réputation à sa merci, et de qui j'ai tout
à redouter ; car elle me déteste. Pourquoi ? Je vais
vous le dire :

« Il y a plusieurs années il a été question d'un
mariage entre cette méchante vieille fille et mon
mari. Elle ne me pardonne pas une rupture dont je
suis pourtant fort innocente. Voilà le principal motif
de sa haine. De plus, je n'ai guère que vingt ans, et
elle en a quarante ; on me trouve passable, et elle paraît ridicule ; j'ai une voiture, et elle va en omnibus ;
au bal je ne manque pas de danseurs, et on lui voit
faire tapisserie invariablement ; enfin, sans vous compter, plus d'un homme aimable a cherché à me plaire,
et elle ne peut pas même parvenir à trouver un mari !
Vous comprenez qu'elle doit m'abhorrer ; ainsi fait-
elle de toute son âme. Hier, si au lieu de fleur d'oranger elle avait pu verser du poison dans mon verre,
elle l'aurait fait, je n'en doute pas. Faute de mieux,
elle m'a volée, et cela me tourmente davantage ; car
le poison ne fait que tuer, mais la calomnie désho-
nore.

« Que pouvait-il y avoir dans ce malheureux billet ?
Je ne me le rappelle pas exactement. Sans doute des
choses peu gracieuses, car vous me persécutez si
cruellement que mon style a dû se ressentir de ma
mauvaise humeur. Mais vous n'ignorez pas combien
il est facile de donner un sens coupable aux phrases
les plus innocentes. Tout devient crime entre les
mains d'un ennemi, et mademoiselle du Boissier est

mon ennemie, je vous le répète; ennemie jurée, mortelle, implacable! C'est vous dire que ce billet qui
vous était destiné ne peut pas rester en son pouvoir.
A tout prix il faut le lui reprendre; et quel autre que
vous puis-je charger de ce soin? Songez qu'il n'y a pas
une minute à perdre. D'un instant à l'autre la vipère
peut distiller son venin, et tant que j'aurai cette
crainte je ne vivrai pas.

« *P. S.* Je voulais vous remettre cette lettre ce
matin aux Tuileries, et d'avance je la tenais dans
mon manchon; mais la présence de l'espion m'en a
empêchée. »

En achevant la lecture de ce billet, le marquis,
quelque maltraité qu'il fût dans le *post-scriptum*,
respira plus facilement. Lorsqu'on souffre, le moindre
allégement dispose à la résignation, et l'homme qui
a redouté un désastre complet trouve aisément du
courage pour supporter un demi-malheur.

— Elle peut encore être sauvée! s'écria-t-il avec
ferveur; et c'est moi qui la sauverai d'elle-même et
des autres.

Il est inutile de dire que par ces mots, les autres,
le marquis sous-entendait M. d'Epenoy et mademoiselle du Boissier.

— Non, rien n'est désespéré, mais le danger est
sérieux, reprit-il après un instant de réflexion; d'un
côté les prétentions impertinentes de ce fat, de l'autre,
la haine envieuse de cette vieille fille... il y a là de
quoi mettre en lambeaux dix réputations. Jusqu'à
présent j'ai défendu le terrain pied à pied contre un
seul adversaire; maintenant c'est entre deux feux

qu'il faut combattre. N'importe ; au moment où elle a besoin d'un ami véritable, mon dévouement ne lui fera pas faute.

M. de Morsy passa une partie de la nuit à combiner un plan de défense approprié à la situation périlleuse où se trouvait engagée la femme qu'il aimait. Quoique la loyauté de son caractère lui fît préférer en toutes choses la ligne la plus droite, il comprit qu'en cette circonstance la dissimulation était utile, l'adresse indispensable et la ruse légitime.

Le lendemain, longtemps avant que deux heures fussent sonnées, le marquis se présenta chez madame d'Epenoy.

—Eh bien ! où en sommes-nous? lui demanda d'un air empressé la vieille dame; l'enfant prodigue est-il mis à la raison ?— Je ne l'ai aperçu hier au soir qu'un instant, répondit M. de Morsy, et il ne m'a pas été possible de lui parler de notre affaire. En ce moment c'est de moi, et non de lui, que je viens vous entretenir. — Quel air de componction ! reprit en riant madame d'Epenoy ; la grâce matrimoniale vous aurait-elle touché depuis hier?— J'en ai peur, répondit le marquis d'un ton grave. — Bah ! vraiment ! Mais, non, cela n'est pas possible; vous voulez vous amuser à mes dépens.— Je parle sérieusement.— Quoi ! tout de bon? vous songeriez à abjurer vos hérésies de célibataire?— Je ne vous dis pas que j'y suis décidé.— Asseyez-vous bien vite et contez-moi tout ça, repartit madame d'Epenoy avec une vivacité où éclatait l'intérêt que lui inspirait une ouverture si imprévue.— Vous avez pu remarquer, dit M. de Morsy, que la folie dont je vous ai fait l'aveu ne va pas jusqu'à l'aveuglement. Je ne m'abuse point sur le ridicule de ma passion, et plus d'une fois j'ai songé à m'en affranchir par quelque résolution violente. Vos conseils, hier, ont donc trouvé le terrain mieux préparé que je n'ai voulu en convenir. Toute la nuit j'ai réfléchi à ce que vous m'avez dit de la nécessité d'introduire dans ma vie un changement absolu qui substitue à de creuses chimères un intérêt substantiel et positif. En thèse générale, vous avez raison; il n'y a que le mariage qui puisse produire un pareil résultat. — Dans le cas particulier, j'ai cent fois plus raison encore. Songez que je vous connais comme si vous étiez mon frère. S'il est un homme destiné à faire un mari excellent, parfait, heureux, enfin un mari-modèle, c'est vous, à coup sûr.

— Je souhaite que la prophétie se réalise, si un jour je me marie. — Si ! Pas de si. Vous vous mariez, c'est entendu, c'est décidé; il n'y a plus à en revenir. Quand? Le plus tôt possible. Avec qui? Ceci me regarde, à moins que vous n'ayez déjà un parti en vue, ce qui ne peut être : car je ne pense pas que vous vouliez faire à votre vieille amie l'affront de confier à une autre une mission si importante et si délicate. Si je fais ainsi valoir mes droits, poursuivit en souriant madame d'Epenoy, c'est de peur que vous ne tombiez en de mauvaises mains; car aujourd'hui tout le monde se mêle de mariage : le clergé surtout me joue des tours abominables. L'autre jour encore, ces messieurs du collège de Juilly ne m'ont-ils pas soufflé un parti de 400,000 fr., que je convoitais pour un de

mes neveux ! Bientôt il n'y aura plus d'héritières que
pour leurs élèves. Mais à votre égard je puis être
tranquille, n'est-ce pas ? Vous me serez fidèle ? Songez qu'une défection nous brouillerait à mort. — Je
vous promets, dit le marquis en souriant à son tour,
que si je prends femme, ce ne sera que de votre main.
— C'est parler comme un dieu, reprit la vieille dame,
dont le visage brillait de satisfaction. Voyons, battons
le fer pendant qu'il est chaud. Que diriez-vous d'une
veuve aimable, jolie, spirituelle?... — Non, pas de
veuve, fit le marquis ; ce serait m'exposer à des com-
paraisons qu'un homme de mon âge doit toujours
éviter. — Voilà une modestie aussi rare qu'excessive.
— Ce n'est que de la prudence. — En tout cas, votre
sentiment est louable, et je ne puis que l'approuver.
Vous trouverez peut-être aussi qu'une trop jeune
fille... — Ce serait pis.— Vous êtes la raison même.
— Du moins, je sais me rendre justice. Si j'étais décidé à me marier, je voudrais que l'âge de ma future
et le mien n'offrissent pas une disproportion cho-
quante. J'ai cinquante-deux ans, et il me semble
qu'une femme de trente-cinq à quarante... — Mais
c'est miraculeux ! interrompit madame d'Epenoy de
plus en plus rayonnante ; on dirait que nons nous
sommes donné le mot, et vous exprimez ma propre
pensée. Oui, mon cher marquis, une femme de trente-
cinq à quarante ans, voilà ce qu'il vous faut. Dans
cette catégorie j'ai des partis de choix. Nous disons
de trente-cinq à quarante. Il y a d'abord mademoiselle de Cléricourt, excellente famille de Bourgogne
alliée jadis aux Vergy et aux Beauffremont, char-

mante personne d'ailleurs, éducation accomplic,
piété solide...—Permettez-moi de vous interrompre,
dit le marquis; je crois fermement aux perfections
de mademoiselle de Cléricourt, mais parmi les demoiselles de votre connaissance il en est une autre à
qui j'avais pensé. — Le choix est déjà fait! et moi
qui m'évertue à chercher! Expliquez-vous donc,,
diplomate que vous êtes. De qui parlez-vous? —
D'une personne que j'ai rencontrée assez souvent
dans le monde, ici même une ou deux fois, et qui, si
j'en crois les apparences, est fort avant dans vos
bonnes grâces.— Enfin elle s'appelle?...—Mademoiselle du Boissier.

De tous les noms qui pouvaient sortir de la bouche
du marquis celui-là était le plus inattendu. Madame
d'Epenoy resta muette un instant comme si elle eût
refusé d'en croire ses oreilles; en toute autre occasion
elle eût accueilli avec ravissement l'aubaine matrimoniale échue à sa protégée, mais son amitié véritable pour M. de Morsy troubla malgré elle sa
satisfaction; soudainement elle se sentit atteinte de
ce scrupule auquel obéissent certains marchands
lorsqu'ils refusent de vendre à une de leurs pratiques
quelque objet d'une qualité douteuse qu'ils réservent
pour les acheteurs de passage.

— Mademoiselle du Boissier a certainement beaucoup de mérite, dit-elle avec hésitation; mais elle a
peu de fortune.—Je suis riche, répondit le marquis.
— On ne peut pas dire qu'elle est jolie. — Ce n'est
pas un mariage d'amour. — Son caractère est
excellent, mais il n'est pas toujours égal. — Tant
mieux,

« L'ennui naquit un jour de l'uniformité. »

— Elle tient beaucoup à ses idées. — Moi, pas du tout aux miennes; ainsi nous serons facilement d'accord. — C'est un coup de désespoir, pensa madame d'Epenoy; son amour pour cette jeune femme lui a décidément dérangé l'esprit. En conscience, je n'aurais pas osé lui proposer un pareil mariage; mais puisqu'il est le premier à m'en parler, pourquoi y mettrais-je obstacle plus longtemps? Marquise et soixante mille livres de rente! il y a de quoi faire perdre la tête à cette pauvre Alphonsine. Ah çà! n'est-ce point une plaisanterie? dit-elle tout haut avec une sorte de défiance; vous épouseriez mademoiselle du Boissier! — Probablement non, si on me laisse le temps de réfléchir. Depuis hier j'éprouve un étourdissement fiévreux qui, à défaut de détermination réelle, me rend capable de tout. Pour briser une chaîne ridicule il n'est rien que je ne fasse en ce moment; mais demain peut-être... — Demain vous dînez ici, interrompit précipitamment la vieille dame; mademoiselle du Boissier y sera. — Pourquoi pas aujourd'hui? dit le marquis en souriant de la vivacité de son ancienne amie. — Aujourd'hui je passe la soirée dehors. — De six heures à neuf vous êtes libre; c'est plus de temps qu'il n'en faut pour une entrevue de cette nature. Si je vous presse ainsi, c'est que je me connais. Demain je me réveillerai peut-être célibataire entêté comme devant : liez-moi les mains, si vous avez réellement envie de me marier. — Vous avez raison, dit madame d'Epenoy en se levant

7

avec une prestesse qui attira un nouveau sourire sur les lèvres du marquis ; si je vous laisse un moyen de vous dédire, vous me glisserez entre les doigts, et je ne m'en consolerais pas.

En parlant elle tira le cordon d'une sonnette dont le bruit fit aussitôt accourir le domestique.

— Allez chercher une voiture, lui dit-elle, et prévenez Justine que M. le marquis dîne ici. Je cours chez mademoiselle du Boissier, reprit-elle quand le laquais fut sorti ; quelque engagement qu'elle puisse avoir, comptez que nous l'aurons à dîner. A six heures donc, et d'ici là que le ciel vous maintienne dans vos sages dispositions ! Une demi-heure après avoir quitté M. de Morsy, madame d'Epenoy fit une entrée que l'on pourrait à bon droit nommer triomphale dans l'appartement qu'occupait sa protégée, à l'entrée de la rue Bellechasse.

VIII

Orpheline depuis longtemps, mademoiselle du Boissier vivait seule ; car autant elle était disposée à sacrifier sa liberté au mariage, autant elle éprouvait d'aversion pour la tutelle de sa famille. Son âge, d'ailleurs, légitimait cette indépendance ; et, quoique bien médiocre, sa fortune y suffisait. Par un de ces prodiges d'administration qu'il n'est donné qu'aux femmes d'accomplir, avec moins de quatre mille francs de revenu elle trouvait moyen d'être convenablement logée, et d'aller dans le monde à peu près tous les soirs. Sa maison, il est vrai, se composait d'une servante unique, femme de chambre et cuisinière à la fois, groom au besoin; mais le service qu'elle tirait de cette créature était fabuleux et rendait toute aide superflue. Nous devons avouer encore que sa table n'eût pas réjoui l'œil d'un gourmand; mais ne sait-on pas que la Providence, qui donne aux petits des oiseaux leur pâture, émiette la coquetterie aux femmes et n'a besoin que d'un miroir pour les rassasier? Jeune, jolie et mise avec élégance, on a toujours bien dîné; et, malgré l'humilité qu'elle affectait parfois, il est probable que mademoiselle Alphonsine se croyait tout cela.

Au moment où madame d'Epenoy entra chez sa protégée, celle-ci était debout devant la cheminée d'un petit salon où elle se tenait d'ordinaire et qui formait la principale pièce de l'appartement. Les coudes appuyés sur la housse de velours vert qui recouvrait la tablette de marbre, elle contemplait dans la glace son peu gracieux visage avec qui elle se trouvait en dialogue réglé, moyennant le soin qu'elle prenait de faire elle-même les interrogations et les réponses. Sans s'en apercevoir, mademoiselle du Boissier avait contracté l'habitude des monologues, sorte de tic parlé auquel deviennent aisément sujets les gens qui sont souvent seuls. Dans ces conversations idéales elle cherchait tout naturellement un dédommagement aux petites vexations qu'il lui fallait subir dans la vie réelle; ainsi, elle s'adressait des compliments, elle s'invitait à danser, elle se murmurait de tendres aveux, elle se demandait en mariage. L'interlocuteur imaginaire chargé de ce galant office était invariablement un beau jeune homme, brun et pâle, grand et svelte, mélancolique et audacieux, riche à millions, noble comme le roi, titré vicomte pour le moins, et à trente ans colonel de cavalerie; en un mot, le chimérique phénix auquel tant de filles majeures sacrifient en secret.

Ce jour-là, le soliloque de mademoiselle Alphonsine était fort animé. Les deux personnages dont il était alternativement l'interprète jouaient leur rôle en conscience; le vicomte était pressant et passionné, la demoiselle à marier réservée, mais émue.

— Oh! je vous en supplie, disait le premier, un mot, un seul mot, qui me dise que ma hardiesse ne vous a pas offensée! — Que me demandez-vous? répondait avec une pudique minauderie mademoiselle Alphonsine, parlant pour son propre compte. — Le droit d'espérer. — Vos vues sont honorables, je n'en doute pas. — Pourrait-on en avoir d'autres près d'une femme telle que vous? oui, c'est votre main que je sollicite en même temps que votre cœur; seriez-vous assez cruelle pour me la refuser? — Monsieur le vicomte... — Qui vous retient? un autre peut-être?.... — Ah! croyez que jamais..... — Eh bien! alors, pourquoi refuser de combler mes vœux? n'êtes-vous pas libre? — Sans doute; je suis maîtresse absolue de mes actions, et je n'en dois compte à personne; mais le mariage est une chose si grave, que je tremble à sa seule pensée; et puis,

vous-même, êtes-vous sûr de ne pas vous abuser ?
vous m'aimez maintenant... du moins vous le dites...
— Oh ! oui, je vous aime ! — Mais, dans quelque
temps... si vous m'épousiez, m'aimeriez-vous encore ?
— Oh ! toujours ! toujours ! je le jure à vos pieds !
— Que faites-vous, vicomte ? levez-vous ; je le veux,
je vous en supplie, si quelqu'un venait !... Ah ! mon
Dieu, on ouvre la porte.

La porte s'ouvrit en effet avec fracas. A la vue de
madame d'Epenoy, mademoiselle Alphonsine fit un
soubresaut comme si elle eût été réellement surprise
en tête-à-tête avec le plus compromettant des vi-
comtes ; et ses rêveries matrimoniales s'envolèrent
plus effarouchées qu'une compagnie de perdrix qu'a
troublée dans ses ébats le feu d'un chasseur.

— Comment ! près de quatre heures, et pas encore
habillée ! s'écria dès l'entrée la vieille dame ; à quoi
donc pensez-vous ? Il est bien question de se regarder
à la glace ! allons, écoutez-moi, vous admirerez vos
grâces un autre jour. Enfin je crois que nous sommes
désensorcelées. Un parti magnifique, soixante mille
livres de rente, un château dans un pays superbe,
maison à Paris, et puis, marquise ; MARQUISE ! mon
enfant. C'est si beau que j'ai peine à y croire. Mais
remuez-vous donc, au lieu de rester là comme une statue ! Habillez-vous bien vite, et tâchez de vous faire
belle. Vous savez que nous dînons à six heures.

Madame d'Epenoy eût pu continuer longtemps de
la sorte sans être interrompue par sa protégée ; celle-
ci écoutait, il est vrai, l'œil fixe et la bouche béante ;
mais elle n'avait pas l'air de comprendre que ces

termes magiques, château, marquise, soixante mille
livres de rente, fussent à son adresse.

— Êtes-vous sourde et muette? reprit la vieille
dame impatientée de ce silence; n'entendez-vous pas
ce que je vous dis? Nous avons un mari.

A ce mot cabalistique mademoiselle Alphonsine
changea de couleur, et, prise d'une sorte de défail-
lance, elle s'assit sans prononcer une syllabe.

Madame d'Epenoy, cette fois, pardonna ce mutisme
obstiné; car elle devina qu'il n'avait d'autre cause que
l'excès de la surprise et du ravissement. Pour donner
à sa cliente le temps de se remettre, elle lui raconta
en détail l'entretien qu'elle venait d'avoir avec le marquis. En apprenant que M. de Morsy semblait décidé
à l'épouser, mademoiselle du Boissier, au lieu de réité-
rer l'anathème dont elle avait, la veille encore, frappé
les hommes de cinquante ans, leva au ciel un regard
attendri; puis, saisie d'un transport soudain, elle se
leva d'un bond, et commença de la cheminée à la
porte et de la porte à la fenêtre une suite d'évolutions
contradictoires, comme font, dit-on, les gens piqués
de la tarentule.

— Ah! mon Dieu! et je ne sais cela qu'au moment!
s'écria-t-elle enfin. Cette maudite couturière qui m'a-
vait promis ma robe pour aujourd'hui, et qui ne me
l'envoie pas!... Et moi qui voulais prendre un bain
ce matin! Croyez-vous que j'aurais encore le temps?

— Un bain! devenez-vous folle? dit madame d'Epenoy en partant d'un éclat de rire. — Vous ne voyez
donc pas comme aujourd'hui j'ai le teint échauffé?
Ces contrariétés-là ne sont faites que pour moi! —

Je vous assure que vous avez votre teint de tous les jours.

Sans soupçonner le sarcasme enfermé dans cette réponse, mademoiselle du Boissier se posta devant la glace et se mit à examiner avec anxiété les coquelicots épanouis sur son visage.

— Aux lumières, ça passera pour de la fraîcheur, reprit la vieille dame d'un air de bonhomie. — Vous me rassurez un peu ; et puis, n'est-ce pas M. de Morsy qui disait un jour chez vous qu'il ne comprenait pas l'engouement de certains hommes pour les femmes pâles ? — Ce doit être lui. Allons, du calme. Plus vous vous tracassez et plus le sang vous monte à la tête. Un peu plus pâle ou un peu plus rouge, ce n'est pas la chose essentielle. Tâchez d'être simple, raisonnable, naturelle. M. de Morsy n'est pas un héros de roman, et vous n'êtes pas une jeune première ; ainsi donc, pour lui plaire, comptez moins sur la puissance de vos beaux yeux que sur l'agrément de votre esprit ; surtout efforcez-vous de lui donner une idée avantageuse de votre caractère. — Mais, madame, dit mademoiselle du Boissier frappée d'une appréhension soudaine, dans le monde chacun dit que M. de Morsy est amoureux de cette femme dont nous parlions hier ? — Il l'est en effet ; mais qu'importe ? repartit froidement madame d'Epenoy. Je ne suppose pas que vous ayez la prétention de posséder les prémices de son cœur. C'est précisément parce qu'il aime une femme avec laquelle il ne peut pas se marier qu'il s'est décidé, fort sagement, à en épouser une autre qu'il aimera plus tard. A propos de madame Gastoul, ache-

vez votre histoire : vous lui ôtiez ses gants... — Savez-vous ce qu'il y avait dans ses gants? dit mademoiselle Alphonsine d'un air de vertueuse indignation.
Un billet doux! oui, un billet doux! — Toutes les
jolies femmes sont exposées à loger un pareil hôte,
reprit la vieille dame avec un indulgent sourire; mais
elle aurait dû choisir une meilleure cachette. — Un
billet d'elle; madame écrit à un homme! — A qui
vouliez-vous qu'il fût écrit? Et puis, qu'est-ce que
cela prouve? de l'étourderie et de l'inexpérience;
rien de plus. Une femme qui a de l'usage n'écrit pas.
Mais laissons madame Gastoul et ses correspondances,
qui ne nous regardent point. Occupons-nous de notre
affaire. M. de Morsy sera chez moi à six heures. Ve-
nez-y plus tôt. L'entrée en scène est importante; et
malgré l'habitude que vous devez avoir, vous laissez
encore un peu à désirer : il vaut donc mieux que vous
arriviez la première.

A l'heure fixée, les deux convives de madame d'E-
penoy rivalisèrent d'exactitude. A peine mademoiselle Alphonsine était-elle assise dans le salon de sa
protectrice qu'elle entendit, non sans un violent bat-
tement de cœur, annoncer M. de Morsy. Cet empressement était d'un heureux augure, et bientôt les
manières gracieuses du marquis confirmèrent tout ce
qu'il semblait promettre. En se trouvant, pour la
première fois de sa vie, l'objet de soins galants auxquels la circonstance donnait une valeur sérieuse, la
fille à marier vit le ciel conjugal ouvert, et dans son
extase perdit le peu de sang-froid qu'elle avait con-
servé jusqu'alors.

Le calme et la dignité dans la coquetterie n'appartiennent qu'aux femmes habituées à plaire; aux moindres succès, les autres, troublées et enflées à la fois, semblent près de quitter la terre et de s'envoler comme un aérostat. C'est ce qui avint à mademoiselle du Boissier aussitôt que M. de Morsy lui eut versé le philtre divin de la flatterie; enivrée dès le premier verre, elle se rua en amabilités d'une façon si exorbitante que madame d'Epenoy, qui, l'affaire engagée, avait fini par s'y intéresser chaudement, se prit à trembler pour le succès. Mais vainement la femme prudente essaya de modérer l'effervescence de sa protégée : regard improbateur, avertissements indirects, changements de conversation, rien ne parvint à dissiper une ivresse causée par le désir et l'espoir de plaire. Tour à tour, et en dépit de la nature, sémillante, ingénue, sentimentale, exaltée, folâtre, enthousiaste, mademoiselle Alphonsine épuisait son carquois contre le marquis. A chaque flèche assassine qui lui arrivait de volée, M. de Morsy répondait par quelque gracieux propos dont l'effet immédiat était d'enflammer l'humeur conquérante de la fille à marier; et plus celle-ci redoublait de minauderies, plus l'homme de cinquante ans souriait agréablement; plus elle s'embrouillait dans ses phrases prétentieuses, plus il l'écoutait d'un air approbateur; plus elle se montrait ridicule, plus il semblait ravi.

Après avoir essayé d'opposer une digue à ce célibat débordé, madame d'Epenoy, reconnaissant l'impuissance de ses efforts, avait cessé une résistance inutile. Réduite peu à peu au silence par la loquacité de mademoiselle Alphonsine, elle assistait à cette entrevue, dont elle avait d'abord attendu un résultat satisfaisant, soucieuse, mécontente et courroucée, comme pourrait l'être un général qui, après avoir heureusement engagé un combat, en verrait le succès compromis par la faute d'un de ses lieutenants.

— Et de vingt-neuf! se disait-elle avec un dépit mêlé d'ironie; c'est fini, j'y renonce; qu'elle s'en tire comme elle pourra, je ne m'en mêle plus! Elle mourra fille, et ce sera bien fait!

Tout en méditant cette barbare détermination, qu'elle prenait invariablement à chaque nouvel échec de sa protégée, madame d'Epenoy regardait le marquis à la dérobée, et cherchait à lire dans ses yeux; courtoisie d'homme du monde, dissimulation étudiée ou fascination inexplicable, il paraissait subjugué, et toute sa physionomie annonçait un parfait contentement. Surprise, mais non rassurée, la vieille dame, après le dîner, profita d'un instant où mademoiselle du Boissier feuilletait un album, pour parler confidentiellement à M. de Morsy.

— La timidité produit quelquefois des effets tout contraires à ceux qu'on en attend, lui dit-elle à voix basse; votre présence l'a troublée, et c'est pour cacher son embarras qu'elle parle ainsi; mais ne croyez pas que ce soit toujours comme cela. — On a le droit de parler beaucoup lorsqu'on s'en acquitte si bien, répondit le marquis du ton le plus naturel.

Madame d'Epenoy le regarda d'un air moitié scrutateur, moitié ébahi.

— Ainsi, sa conversation vous a plu? reprit-elle.

— S'il en était autrement, j'aurais le goût bien difficile; elle a beaucoup d'esprit. — Assurément. — Elle
est aimable. — Sans aucun doute. — Et je lui crois
un fort bon caractère. — Excellent. — En un mot, je
suis très-satisfait. — Et moi je ne comprends plus
rien aux hommes, pensa madame d'Epenoy : quelle
extravague, je m'y attendais; mais qu'il se laisse
prendre à ce pathos, c'est inconcevable. Il la trouve
aimable et spirituelle! pourquoi pas jolie? La seule
manière d'expliquer cela, c'est qu'ainsi qu'il l'avoue
lui-même, sa passion lui a dérangé la cervelle. Enfin,
que cette pauvre Alphonsine en profite, je ne demande pas mieux !

L'entrevue conjugale tirait à sa fin, car neuf heures
approchaient. M. de Morsy, qui avait demandé sa voiture pour ce moment, réclama le privilège de conduire madame d'Epenoy à la maison où elle devait
passer la soirée, et sollicita en même temps la faveur
de ramener chez elle mademoiselle du Boissier. Les
deux femmes agréèrent cet arrangement dont la fille
à marier ne se montra nullement effarouchée, quoiqu'il dût en résulter pour elle un tête-à-tête.

Le marquis, ennemi du faste, avait en cette occasion donné un démenti à ses habitudes; par son ordre
ses domestiques avaient endossé leur livrée d'apparat,
et parmi ses voitures il avait désigné la plus belle.
Ainsi qu'il l'avait prévu peut-être, ce brillant équi-
page charma l'orgueil de mademoiselle du Boissier
qui, en se voyant assise dans le fond, à la gauche de
madame d'Epenoy, à qui elle semblait en faire les
honneurs, ne put s'empêcher de songer avec délices

au moment où elle en deviendrait officiellement la maîtresse.

— Je ferai mettre une garniture bleue, se dit-elle; car le jaune n'est pas favorable aux blondes. A part ça, chevaux, domestiques, voiture, tout est parfait.

On arriva bientôt dans la rue du Bac, devant la maison où devait descendre madame d'Epenoy. Le marquis lui offrit la main, et, après l'avoir remerciée, il remonta dans la voiture de l'air d'un homme réellement épris. En remarquant la vivacité de ce mouvement, mademoiselle Alphonsine faillit perdre la respiration, tant le cœur lui battit avec violence. Quoiqu'il ne soit guère d'usage d'aborder dès la première entrevue la solennelle question du mariage, elle se persuada que le marquis, retenu jusqu'alors par la présence d'un tiers, s'était ménagé un entretien particulier dans l'intention de lui avouer ses sentiments. Elle attendit donc avec une émotion des plus charmantes cette déclaration enchanteresse, au-devant de laquelle s'élançait son âme; d'avance, et malgré le semblant d'hésitation auquel par convenance elle se croyait obligée, tout en elle disait oui.

En se rasseyant en face de mademoiselle du Boissier, circonstance qui parut à celle-ci d'un goût exquis et d'un respect adorable, M. de Morsy, au lieu de prendre la parole, tomba dans une rêverie profonde dont, au grand désappointement de la fille à marier, il ne sortit qu'au moment où la voiture s'arrêta pour la seconde fois.

— Mademoiselle, dit-il alors, avec un accent sérieux, j'ai une prière à vous adresser, et j'attache la plus grande importance à ce que vous ne la rejetiez pas : il est urgent, j'ose dire plus, il est indispensable que j'obtienne de vous un instant d'entretien, et ma voiture n'est pas un lieu convenable pour cela. Quoique jusqu'ici je n'ai pas eu l'honneur d'être reçu chez vous, permettez que je vous y accompagne. L'heure n'est pas assez avancée pour rendre ma demande indiscrète, et je n'abuserai pas de votre condescendance. — Quelle délicatesse! quel savoir-vivre! pensa mademoiselle Alphonsine, dont le dépit naissant s'était dissipé dès le premier mot de cette significative requête; un homme vulgaire aurait parlé dans la voiture; mais lui! il a tant de distinction! un vrai gentleman! Pourvu que cette étourdie de Marguerite ait fait du feu dans le salon.

La faveur qu'il réclamait lui ayant été gracieusement accordée, M. de Morsy offrit le bras à mademoiselle du Boissier dont les appréhensions au sujet de l'état de son appartement se dissipèrent à la vue d'un feu passable qui pétillait dans la cheminée du salon. Toutes choses d'ailleurs étaient en ordre, et l'ensemble offrait cet aspect frotté, propret, compassé, qui caractérise le séjour des filles d'un âge mûr.

—Je n'y suis pour personne, dit la maîtresse du logis à l'oreille de sa soubrette, que cet ordre extraordinaire et la vue du marquis plongèrent dans une stupéfaction profonde.

Après s'être assis dans l'angle de la cheminée, en face de mademoiselle Alphonsine, M. de Morsy, sur l'invitation qu'elle lui adressa en baissant modestement les yeux, prit la parole d'une voix insinuante.

—Mademoiselle, dit-il, madame d'Epenoy vous a
parlé de mon désir de vous être présenté, et de l'importance que j'attachais à cette démarche; mais
peut-être ne vous a-t-elle pas suffisamment expliqué
la position étrange où je me trouve. D'ailleurs, eût-
elle pu le faire, je n'en devrais pas moins compléter
cette explication, car depuis ce matin un événement
inattendu a apporté dans mes résolutions un changement très-grave, et, aux termes où nous en sommes,
après l'entrevue que vous avez bien voulu m'accorder, je vous dois compte de ce changement.

Ce préambule ne répondait guère aux espérances
de mademoiselle du Boissier; aussi sa figure s'allon-
gea-t-elle sensiblement, quoique ses lèvres pincées
s'efforçassent de retenir le sourire qui jusqu'alors y
avait voltigé sans relâche.

—Madame d'Epenoy a dû vous dire, reprit l'homme
de cinquante ans, qu'après beaucoup d'hésitation j'a-
vais enfin formé le projet de me marier; mais, par
discrétion, elle vous a probablement laissé ignorer
la cause fatale qui m'y avait surtout déterminé? —
Du moins elle ne m'en a parlé que d'une manière
fort vague, répondit mademoiselle Alphonsine d'un
air de réserve. — Elle vous en a parlé! s'écria le
marquis; ce mot m'enhardit à poursuivre. Puisque la
glace est rompue, la tâche qu'il me reste à remplir
me semble moins pénible, et je sens que j'aurai le
courage de tout vous dire. Oui, mademoiselle, c'est
une passion aussi violente qu'insensée, un amour
sans illusion comme sans espoir, qui, après m'avoir
longtemps éloigné du mariage, m'y a poussé en der-

nier lieu comme au seul port où je pusse trouver la
paix du cœur et l'oubli de mes peines. Une femme
que vous ne connaissez pas... — Je la connais, interrompit la fille à marier en souriant perfidement.
— Vous la connaissez! Eh bien, alors, vous savez
qu'elle est belle, charmante, et vous devez comprendre que j'aie pu l'aimer. Je l'aimais donc, quoique je
ne m'abusasse point sur ma folie; car m'attacher à
une femme mariée, à l'âge où tant de motifs devaient
me décider à me marier moi-même, était gâter ma
vie à plaisir. Mais que peut le bon sens contre la passion? Vous dont les moindres paroles trahissent une
sensibilité si exquise, vous qui entendez si bien les
choses du cœur, vous ne serez pas étonnée, mademoiselle, de l'aveu que je vais vous faire. Mon attachement pour cette femme était arrivé à ce point
que, ne pouvant briser la barrière qui nous séparait,
j'avais résolu du moins de n'en pas élever entre nous
une seconde : j'avais juré de ne me marier jamais. —
Mais cependant... à la fin vous avez changé d'avis?
dit mademoiselle Alphonsine avec une anxiété mal
dissimulée. — Oui, mademoiselle, j'avais changé d'a-
vis et je dois vous expliquer la cause de ce changement. Cette femme que j'aimais tant, à qui je sacri-
fiais ce qu'il me reste d'avenir, j'appris qu'elle était
indigne de ma tendresse, j'appris qu'oubliant ses devoirs, elle en aimait un autre!

Tandis que le marquis articulait ce pénible aveu,
l'espoir, la joie, le triomphe, se réveillaient dans le
cœur de mademoiselle du Boissier; mais la prudente
demoiselle s'efforça de contenir une satisfaction qui

eût pu blesser le douloureux sentiment qu'exprimait la physionomie de son interlocuteur, et levant sur ce dernier un regard compatissant : Il est des femmes si perverses! dit-elle benoîtement. — Oui, certes, il est des femmes perverses; mais il est aussi des femmes calomniées, reprit avec chaleur M. de Morsy, dont la figure avait subitement changé d'expression; la calomnie, cette vipère hideuse, s'attache aux êtres les plus purs et les souille de son venin; mais si profonde que soit la blessure, tôt ou tard la vérité la guérit. — Voulez-vous dire que cette dame ait été calomniée? demanda mademoiselle du Boissier, dont la rougeur tournée au violet trahit, ainsi que le mouvement convulsif de ses lèvres, une émotion subite et excessive. — Oui, mademoiselle, calomniée, indignement calomniée! Les accusations portées contre elle, mensonges; les fautes qu'on lui attribue, faussetés; les lettres qu'on prétend qu'elle a écrites, inventions odieuses! — Ah! on vous avait parlé de lettres? dit la demoiselle à marier, en regardant en dessous le marquis. — De quoi ne m'avait-on pas parlé? Mais enfin j'ai découvert, il y a quelques heures à peine, que tout ce qu'on m'avait dit n'est qu'un de ces romans méprisables que dans le monde chacun accueille par un instinct malveillant, mais dont en définitive personne ne veut accepter la responsabilité. On m'avait promis des preuves; mais les preuves ne s'inventent pas comme la calomnie, et l'on a été forcé de convenir qu'on avait été trop crédule. En un mot, cette femme que j'accusais est digne de tout mon respect; cette femme que je croyais coupable est innocente. — Innocente ! répéta mademoiselle du Boissier avec un sourd ricanement. — Maintenant j'ai besoin de toute votre indulgence, reprit M. de Morsy, qui du coin de l'œil étudiait attentivement l'orageuse physionomie de son interlocutrice ; avec une autre j'hésiterais à continuer, mais le plus digne hommage que l'on puisse rendre à une femme de votre esprit et de votre caractère, c'est de lui dire la vérité, toute la vérité. Je vous avouerai donc que la justification éclatante de la personne dont je vous parle, m'oblige à renoncer à tout projet de mariage.

Percée au cœur, mademoiselle Alphonsine fixa sur le tapis un regard farouche, et sembla y considérer les ruines de son château en Espagne, écroulé pour la vingt-neuvième fois.

— Je suis désolé de n'avoir pas été désabusé de mon erreur quelques heures plus tôt, poursuivit M. de Morsy, vous n'auriez pas été dérangée ; mais puisque le mal est fait, je vous supplie de me pardonner. Si j'étais libre, souffrez cet aveu, je sens que j'éprouverais un bien doux plaisir à mettre à vos pieds mon nom, mon titre, ma fortune ; oui, si j'étais libre, je m'estimerais heureux d'offrir à tant de qualités un piédestal digne d'elles ; mais je l'ai juré. — Vous avez juré...? dit mademoiselle du Boissier en levant lentement les yeux. — De ne pas me marier tant qu'elle serait digne de mon affection. Pour moi, ce serment est sacré, et seule elle pourrait m'en dégager par quelque faute ; j'entends une faute avérée, certaine, matériellement prouvée ; oh ! alors je ne balancerais pas ; mais elle est innocente, mais les ca-

lomnies dont elle vient d'être l'objet lui donnent des
droits nouveaux à ma fidélité, et plus que jamais je
dois lui appartenir. Vous m'approuvez, n'est-ce pas?
— Je fais plus, je vous admire.

Sans paraître remarquer l'accent dérisoire de cette
réponse, le marquis se leva.

— Adieu, mademoiselle, dit-il du ton le plus ca-
ressant; croyez que je n'oublierai jamais les heures
que j'ai passées près de vous.

Il salua d'un air attendri la fille majeure en qui
semblait gronder un ouragan, et s'éloigna très-lente-
ment. Arrivé enfin à la porte, il se retourna.

— Non! s'écria en ce moment décisif mademoiselle Alphonsine; je ne dois pas souffrir qu'un si galant homme soit victime de sa confiance et de sa
loyauté. Revenez, monsieur le marquis; ma conscience m'ordonne de parler.

IX

En s'emparant du billet trouvé dans le gant de
madame Gastoul, mademoiselle du Boissier avait cédé
à une inspiration malveillante plutôt qu'à un calcul
hostile. Heureuse de posséder le moyen de nuire à la
femme qu'elle détestait, peut-être se fût-elle abstenue
de s'en servir; car elle ne pouvait se dissimuler que
donner de la publicité à sa découverte, c'était s'exposer elle-même au blâme de tous les esprits délicats.

Mais la voix de la prudence, écoutée en temps ordinaire, fut en ce moment étouffée par le cri tout-
puissant de l'intérêt personnel. Voir à sa portée
l'anneau du mariage, la couronne de marquise, les
fruits dorés de la fortune, tous les biens désirés depuis
si longtemps; sur le point de les saisir, rencontrer
un obstacle unique, et n'avoir qu'un mot à dire pour
le briser; pouvoir enfin magnifiquement réaliser son
rêve, et du même coup se venger d'une ennemie, telle
était la position où se croyait placée mademoiselle
Alphonsine. Cette épreuve eût fait voler en éclats des
discrétions mieux trempées que la sienne; elle y succomba donc, ainsi que l'avait espéré le marquis.

— Expliquez-vous, mademoiselle, lui dit ce dernier en s'empressant de se rasseoir; la solennité de
vos paroles m'annonce que vous avez quelque chose
de grave à me dire. Parlez, je vous en prie.

Mademoiselle du Boissier se recueillit un instant,
et prit ensuite la parole d'un air modeste et d'une
voix doucereuse : J'espère, monsieur, dit-elle, que
vous ne prendrez pas en mauvaise part la révélation
qu'arrache à ma réserve habituelle la conviction où
je suis qu'en vous éclairant je remplis un devoir.
Trop imparfaite pour avoir le droit de juger les autres, il m'est particulièrement pénible de parler d'une
femme autrement que pour en faire l'éloge; et sans
la rare estime que vous m'inspirez, j'aurais peine à
surmonter mon aversion pour tout ce qui, mal inter-
prété, peut ressembler à de la médisance. — J'ap-
précie la noble délicatesse de votre caractère, répondit
M. de Morsy en s'inclinant. — Si j'avais quelque

intérêt à vous faire connaître la vérité, une retenue
bien naturelle m'imposerait silence; mais vos compliments trop flatteurs ne constituent pas un engagement, et me laissent ainsi qu'à vous toute liberté.
C'est donc sans aucune arrière-pensée personnelle
que je vous parle; je serais désespérée qu'à cet égard
vous pussiez vous méprendre. — Ce serait une fatuité
odieuse, et dont je suis incapable, répliqua le marquis
de la manière la plus révérencieuse; mais vous voyez
que j'attends avec anxiété la révélation que vous
m'avez promise; de grâce, ne me faites pas souffrir
plus longtemps : expliquez-vous. — C'est en m'expli-
quant que je vous ferai souffrir, reprit mademoiselle
du Boissier avec un accent de tendre compassion.
Croyez-moi, laissons cela. Quand l'illusion est douce,
pourquoi la détruire? — Vous en avez trop dit, et
maintenant votre silence serait de la cruauté. — C'est
vous qui l'exigez. Eh bien!... Mais vous ne vous figu-
rez pas ce qu'il m'en coûte. Dieu sait si mes intentions sont pures, et cependant il me semble que je
fais mal...

En prononçant ces dernières paroles de l'air can-
dide d'une pensionnaire de couvent, mademoiselle
Alphonsine se leva et s'approcha d'une étagère où se
trouvait un coffret qu'elle ouvrit à l'aide d'une petite
clef suspendue à la chaîne de sa montre. Elle revint
ensuite vers le marquis avec une sorte de gravité douloureuse, et, lui présentant un papier qu'elle eut soin
de déployer : Jetez les yeux sur ce billet, lui dit-elle;
il vous apprendra ce que vous voulez savoir. Votre
douleur, que je prévois, m'affecte d'avance; mais

rappelez-vous qu'il n'a pas dépendu de moi de vous l'épargner.

M. de Morsy saisit avidement la lettre de madame Gastoul et la lut avec une émotion qui n'avait plus rien de factice; pendant ce temps mademoiselle Alphonsine le regardait à la dérobée et étudiait sur sa physionomie les reflets du chagrin prévu, sur quoi elle avait matrimonialement spéculé. Son attente ne se réalisa pas; au lieu de s'indigner, comme elle l'espérait, le marquis, sa lecture achevée, demeura silencieux et pensif. Afin de le tirer de cette rêverie, dont le calme lui parut de mauvais augure, mademoiselle Alphonsine reprit la parole d'un air de chattemite : Un hasard fort indépendant de ma volonté a fait tomber entre mes mains cette lettre; je n'ai pas besoin de vous dire que mon intention était de la remettre à la personne qui l'a écrite; je n'attendais pour cela qu'une occasion favorable. En consentant à vous la communiquer, j'ai commis une sorte d'indiscrétion que je me reprocherais éternellement, si je n'étais sûre que vous n'abuserez pas de ma confiance; car la publicité de ce billet ferait le plus grand tort à cette dame, et j'en serais désolée. Elle doit déjà être assez malheureuse ! continua la fille à marier en levant les yeux au ciel avec componction. La vertu a des jouissances si pures! l'honnêteté, des charmes si doux! Conçoit-on qu'on y renonce pour quelques plaisirs aussi faux que passagers? Abjurer toute pudeur, tromper son mari, outrager le nom de l'homme qui vous a honorée de son choix, est-ce possible? Quand je pense à ces horreurs, je crois rêver. Mais comment

peuvent-elles vivre, ces femmes! Oh! que je les plains!
Ce doit être si affreux d'être coupable!

M. de Morsy avait écouté avec une gravité impas-
sible l'homélie de la demoiselle à marier; quand elle
eut tout dit, il arrêta sur elle un regard glacial : Mademoiselle, dit-il du ton le plus sévère, les femmes
dont vous parlez sont coupables sans doute, car rien
ne peut justifier l'oubli du devoir. Cependant, l'inexpérience de la jeunesse et l'entraînement de la passion
atténuent parfois leurs fautes et les recommandent à
l'indulgence des cœurs généreux. Mais comment ca-
ractériser, et de quel mépris flétrir la conduite de
certaines autres femmes dont je vais vous faire le
portrait? Il est dans le monde des créatures disgra-
cieuses et malfaisantes, vouées par le sort à une vie
solitaire et stérile. Jamais le regard d'un homme n'a
cherché leur regard, jamais une main tremblante n'a
pressé leur main, jamais une tendre parole n'est arrivée à leur oreille. Vieilles dès la jeunesse, la laideur
de leur âme peinte sur le visage, l'esprit aigri par
l'abandon, dédaignées de l'amour, exclues de la vie
en un mot, elles conçoivent une effroyable haine pour
tout ce qui est jeunesse, beauté, passion! Se trouve-
t-il sur leur chemin une femme faible et charmante,
elles s'y attachent, comme le ver à la fleur, pour la
flétrir. Elles deviennent ses espions; elles la tolèrent
au besoin dans l'espoir de la perdre. Ce sont ces
femmes-là qu'il faut plaindre, mademoiselle; car elles
sont réellement bien misérables!

Le marquis se leva, mit tranquillement dans sa
poche la lettre qu'il avait gardée dans sa main jus-

qu'alors, et s'inclinant avec une politesse dédaigneuse devant la demoiselle à marier qui semblait changée en statue, il se dirigea vers la porte; au moment où il allait l'ouvrir, mademoiselle du Boissier sortit de sa stupeur et s'élança pour l'arrêter.

— Que signifie ce langage? dit-elle d'une voix altérée; est-ce ainsi que vous répondez à ma confiance? Rendez-moi cette lettre, monsieur; votre conduite est une indignité!

M. de Morsy sourit d'un air calme, et saisissant la main que mademoiselle Alphonsine, hors d'elle-même, avait posée fort peu noblement sur le bouton de la serrure, il la força de lâcher prise.

— Votre intention, répondit-il avec une incisive ironie, était, m'avez-vous dit, de remettre ce billet à la personne qui l'a écrit; avec votre permission, je me chargerai de ce soin. Souffrez donc que je me retire, il est déjà tard, un plus long tête-à-tête avec un homme pour qui vous vous êtes montrée si aimable depuis quelques heures pourrait offrir des dangers, et je serais désolé de nuire à vos projets de mariage.

Ce dernier propos parut si barbare à mademoiselle du Boissier qu'elle recula d'indignation. Le marquis profita de ce mouvement pour s'esquiver, et traversa rapidement l'antichambre. Arrivé à la porte, il y trouva mademoiselle Marguerite un bougeoir à la main, et disputant le passage à un individu qui insistait pour entrer. A la clarté du flambeau, l'homme de cinquante ans reconnut Louis d'Epenoy, qui de son côté, en l'apercevant, prit la soubrette par le bras et la fit pirouetter sans façon jusqu'au milieu de la chambre.

— Parbleu ! s'écria le jeune homme qui, si l'on en devait croire l'éclat de ses yeux et l'animation de son teint, avait fait un excellent dîner, j'étais bien sûr que mademoiselle du Boissier était chez elle. Qu'est-ce qu'elle me chantait donc cette maritorne ? M. le marquis, je vous souhaite le bonsoir... Eh ! j'y suis ! c'est parce que vous étiez là qu'on ne voulait pas me laisser entrer. Tiens, tiens, tiens ! aimable camériste, je vous rends mon estime ; votre devoir était de mourir sur la brèche. — Vous êtes bien gai ce soir, Louis, dit M. de Morsy en souriant de l'idée impertinente qui semblait s'être nichée dans la cervelle de d'Epenoy. — Gaieté factice !. répondit celui-ci. Allons, mademoiselle, vous déciderez-vous enfin à m'annoncer ?

La femme de chambre, voyant sa consigne violée, trouva inutile de résister plus longtemps et se dirigea vers le salon. Louis d'Epenoy la suivit après avoir pris congé de M. de Morsy qui, de son côté, sortit de l'appartement.

— Il vient trop tard, pensa ce dernier, avec une satisfaction secrète qui adoucit un peu sa torture jalouse.

Le marquis ne se trompait pas sur le motif qui amenait son jeune rival chez mademoiselle du Boissier. Après la scène du Théâtre-Français, d'Epenoy, furieux d'abord, avait fini par recouvrer son sang-froid et par réfléchir sérieusement au parti qu'il convenait de prendre.

— Il est sûr que la fatalité s'acharne sur moi, s'était-il dit avec dépit ; deux lettres, les premières, les seules qu'elle m'ait écrites, volées toutes deux ! c'est

jouer d'un guignon épouvantable. Mais il ne s'agit pas
de se désespérer, il faut agir. Quant au second billet,
il m'inquiète peu ; le filou qui me l'a pris, croyant
faire une capture magnifique, l'aura déchiré en reconnaissant son erreur ; d'ailleurs qu'en pourrait-il
faire? Mais la lettre dérobée par cette méchante créature, voilà ce qui est grave. La lui reprendre! c'est
bientôt dit ; il le faut pourtant ; comment faire?

D'Epenoy n'avait pas, comme le marquis, la res-
source de feindre une conversion subite au mariage
et d'exploiter à l'aide de ce stratagème la crédule vanité de mademoiselle du Boissier. De sa part, une pareille ruse n'eût abusé personne. D'ailleurs l'idée ne
lui en vint pas. Après avoir cherché longtemps, accueilli et rejeté tour à tour plusieurs inventions plus
ou moins praticables, il s'arrêta enfin à un plan qui,
passablement absurde en réalité, lui parut néanmoins
des plus ingénieux. L'exécution exigeait quelque audace ; aussi l'auteur corrobora-t-il machinalement
son courage d'une ou deux bouteilles de vin de Champagne, précaution dont la sagesse ne peut être con-
testée que par les buveurs d'eau : race méchante, dit
le proverbe.

L'amant de madame Gastoul entra dans le salon
en jouant l'air affairé qu'ont en général les hommes
chargés d'une mission importante. Il trouva mademoiselle Alphonsine à la place où le marquis l'avait
laissée. En entendant ouvrir la porte, la fille à marier
leva sur le jeune homme un regard terne d'où la pensée semblait absente.

— Mademoiselle, lui dit d'Epenoy, dont le thème

était fait, je vous demande pardon de vous déranger
ainsi, mais l'affaire qui m'amène ne souffre aucun retard. Ma mère désirerait vous parler sur-le-champ,
et elle m'a chargé de venir vous chercher. Ma voiture
est à la porte, et si vous avez la bonté de m'accompagner... — Votre mère? interrompit mademoiselle
du Boissier d'un air distrait; mais il n'y a qu'une
heure à peine que je l'ai quittée. — Je le sais, reprit
Louis avec quelque embarras, car il n'avait pas prévu
cette circonstance; cela ne fait rien, au contraire. Il
s'agit de quelque chose qui vous intéresse, d'une
chose extrêmement importante. Je ne suis pas dans
le secret; mais cependant je crois deviner. C'est un
Américain fort riche, garçon, à qui l'on a parlé de
vous, et qui désire.. Mais ma mère vous expliquera
cela mieux que moi. Je croirais empiéter sur ses at-
tributions si je me permettais de parler mariage.

Mademoiselle du Boissier était fort abattue et presque défaillante; mais il eût fallu qu'elle fût morte
pour rester insensible à ce dernier mot. Relevant la
tête subitement, comme un cheval de guerre dresse
les oreilles au bruit de la trompette, elle fixa sur
d'Epenoy un regard ranimé.

— Un Américain? dit-elle. — Deux ou trois fois
millionnaire, fort bel homme, quarante ans à peine.
— Vous le connaissez donc? — Je l'ai vu quelquefois
à mon cercle, répondit Louis, à qui un mensonge
de plus ne coûtait guère. — Je suis à toute heure
aux ordres de madame d'Epenoy, dit mademoiselle Alphonsine, dont l'imagination, quittant le deuil
de son vingt-neuvième mariage manqué, pour repren-

dre les roses, vêtement de l'espérance, voyageait déjà dans les savanes de l'Amérique.

La fille majeure mit son chapeau, s'enveloppa de son châle, et accepta le bras de d'Epenoy. Ils trou-vèrent à la porte la voiture dont avait parlé celui-ci; après avoir aidé à sa compagne à y monter, Louis dit quelques paroles à voix basse au domestique qui te-nait la portière, et s'élança ensuite à côté de made-moiselle Alphonsine.

— Maintenant, fouette cocher, se dit-il lorsque la voiture fut en marche. Mon Américain est un trait de génie; y a-t-elle mordu, la vieille fille, à mon Amé-ricain!

Accablée par les émotions de toute espèce qu'elle avait éprouvées depuis plusieurs heures, mademoi-selle du Boissier garda quelque temps un silence, res-pecté de son voisin. Peut-être ce silence eût-il conti-nué indéfiniment si, en regardant par hasard à travers la glace de la portière, la demoiselle à marier ne se fût aperçue que la voiture roulait sur un pont.

— Mais il n'y a pas de pont à passer pour aller de la rue Bellechasse chez madame d'Epenoy, dit-elle d'un ton surpris. — Ce n'est pas chez ma mère que je vous conduis, répondit tranquillement le jeune homme.

Au même instant la voiture, quittant le pont Louis XVI qu'elle venait de traverser, tourna à gauche, et s'enfonça rapidement dans les Champs-Elysées.

— Où donc allons-nous? reprit mademoiselle Al-phonsine, dont l'étonnement s'accrut. — Vous le sau-rez bientôt; c'est une surprise que ma mère vous a

ménagée, et j'ai promis le secret. — Une surprise !
un Américain ! qu'est-ce que cela veut dire ? se demanda la protégée de madame d'Epenoy en se creu-
sant inutilement la cervelle pour deviner.

Le silence régna de nouveau dans la voiture. Louis
semblait dormir ; mademoiselle Alphonsine était re-
tombée dans sa rêverie.

— Mais nous sortons de Paris ! s'écria-t-elle tout à
coup en apercevant à peu de distance le gigantesque
arc de triomphe de l'Etoile. — Nous sortons de Paris,
en effet, répondit d'Epenoy sans s'émouvoir ; rassu-
rez-vous ; quoique je vous aie parlé d'un Américain,
je n'ai pas le projet de vous mener en Amérique : il
s'agit de quelques lieues seulement. — Quelques
lieues ! répéta mademoiselle du Boissier, dont l'étonnement se changea en une vague inquiétude ; vous ne
parlez pas sérieusement. Il n'est pas probable, il n'est
pas possible que madame d'Epenoy, que j'ai quittée à
neuf heures rue du Bac, m'attende en ce moment à plusieurs lieues de Paris. — Tenez-vous beaucoup à voir
ma mère ? demanda Louis avec un accent de persiflage. — Monsieur... que signifie... ? — Cela signifie,
mademoiselle, qu'en ce moment toutes les questions
que vous pourriez m'adresser, resteront sans réponse.
Dans une heure nous serons arrivés, alors je parlerai.
— Monsieur... ce langage... je vous prie de me laisser
descendre. — Au milieu des champs ? vous n'y pensez pas.

Mademoiselle Alphonsine, baissant brusquement la
glace de la portière, jeta un regard effaré sur les
arbres qui semblaient fuir le long du chemin, comme

une forêt en déroute, et à travers lesquels, malgré l'obscurité, on pouvait apercevoir la vaste plaine qui entoure Paris.

— Mais c'est donc un rapt ! s'écria-t-elle du ton le plus pathétique en se retournant vers son voisin. — Un rapt ! répondit celui-ci, qui partit d'un malhonnête éclat de rire ; en tout cas, je ne m'expose pas à être condamné aux galères pour avoir enlevé une fille au-dessous de seize ans.

Mademoiselle du Boissier se recula dans l'angle de la voiture, comme si le beau jeune homme assis à côté d'elle eût été subitement transformé en quelque monstre hideux et pestiféré.

Les chevaux semblaient avoir des ailes ; depuis un instant ils avaient quitté la grande route pour prendre à gauche un chemin plus étroit.

— Enfin, monsieur, où prétendez-vous me conduire ? demanda d'une voix rauque mademoiselle Alphonsine, qui s'était aperçue de ce changement de direction. — J'ai eu l'honneur de vous dire qu'il ne me sera possible de répondre à vos questions que lorsque nous serons arrivés ; cela ne tardera pas. D'ici là, veuillez prendre patience, et surtout, continua d'Epenoy d'un ton railleur, soyez persuadée que je connais trop le respect que je vous dois pour m'en écarter jamais ; votre vertu ne court pas le plus petit risque ; je vous en donne ma parole de chevalier français.

Cette déclaration, littéralement rassurante, devenait presque injurieuse par la manière dont elle fut articulée. Les femmes sont en général assez peu flattées de n'être pas trouvées dignes d'un outrage, et l'exagération du respect les choque parfois autant que le ferait l'impertinence. De plus en plus outrée contre son ravisseur, mademoiselle du Boissier cessa de lui adresser la parole, et attendit avec un singulier mélange d'inquiétude, d'impatience et de curiosité le dénoûment de cette bizarre aventure.

Après une course assez longue, quoique abrégée par la rapidité des chevaux, la voiture arriva devant une porte placée à l'angle d'un enclos et ouverte d'avance pour la recevoir ; elle entra aussitôt dans une cour entourée d'arbres, et s'arrêta devant le perron d'un petit bâtiment, dont l'obscurité de la nuit ne voilait pas entièrement l'élégante architecture. Louis d'Epenoy descendit lestement de voiture, et offrant la main à sa compagne de voyage : Nous voici arrivés, lui dit-il d'un ton si grave, que mademoiselle Alphonsine ne put s'empêcher d'éprouver une sensation désagréable, qui ressemblait un peu à de la peur.

X

Louis d'Epenoy, après avoir offert le bras à mademoiselle du Boissier, la conduisit vers le mystérieux logis, sur le perron duquel venait de paraître un domestique tenant de chaque main un flambeau. Ce personnage, grave et silencieux comme un muet du sérail, éclaira le couple dont il semblait attendre l'arrivée, et, le précédant de quelques pas, rentra dans la maison. Après avoir traversé un vestibule, monté un escalier et passé par plusieurs pièces, dont les flambeaux du laquais dissipèrent à peine l'obscurité, la demoiselle à marier et son ravisseur arrivèrent à un petit salon bien éclairé, où brûlait un feu pétillant.

Le luxe voluptueux qui caractérisait l'ameublement de cette chambre, l'air parfumé qu'on y respirait, les scènes mythologiques dont étaient ornés les dessus des portes, la physionomie engageante et coquette des moindres détails, tout rappelait ces boudoirs du siècle de Louis XV, qui, dans les annales de la galanterie, ont laissé un si fier renom. Il y avait là de quoi rassurer ou effaroucher, selon son caractère, la victime d'un enlèvement ; en dépit du respect juré, ce fut le second de ces sentiments que parut éprouver mademoiselle Alphonsine, lorsqu'elle vit que le silencieux domestique refermait la porte et la laissait seule avec d'Epenoy. Par un saut de poule effrayée, elle se précipita vers la fenêtre, l'ouvrit brusquement, et se retournant vers le jeune homme qui la regardait faire d'un air ébahi : Monsieur, lui dit-elle du ton le plus dramatique, sachez qu'entre la mort et l'infamie une femme comme moi n'hésite pas.

Dans certaines armées étrangères il est de discipline que les soldats se grisent au moment d'une bataille ; cela leur donne du cœur. D'Epenoy, nous l'avons dit, avant d'exécuter son attentat, avait usé de cette recette, assez modérément, il est vrai, pour conserver sa raison, mais pourtant assez efficacement pour être arrivé à cet état goguenard et outrecuidant qu'on pourrait appeler les limbes de l'ivresse. A la vue de mademoiselle du Boissier prête à mourir pour sa vertu, comme la garde impériale pour son drapeau, l'irrévérencieux jeune homme prit de son côté une pose admirative.

— Ivanhoë tout pur! s'écria-t-il; mais si vous êtes belle, jeune et vertueuse comme Rébecca, en revanche je ne vaux pas Brian de Bois-Guilbert. Il n'y a plus de ces magnifiques Templiers! La preuve, c'est que pour deux misérables verres de vin de Champagne, frappé *nota,* je suis sûr d'avoir demain la migraine. Oh! les Templiers! c'étaient là des lions! Mais il ne s'agit pas de cela, poursuivit Louis en se passant la main sur le front; la question préalable! comme disent nos honorables députés! drôles de lions, ceux-là! La question préalable! La voici : permettez-moi de fermer la fenêtre. — Monsieur, ne m'approchez pas, s'écria mademoiselle Alphonsine avec un pudique émoi. — Mademoiselle, comme il vous plaira, reprit d'Epenoy en allant s'appuyer le dos à la cheminée. Il paraît que vous aimez le grand air; moi, je tolère le feu au mois de juillet. Mais que la différence de nos opinions ne nous empêche pas de causer. Cette maison-ci appartient à un de mes amis qui la met à ma disposition quand je veux. Il serait difficile de dénombrer les horreurs qui s'y sont commises depuis le damné viveur qui la fit bâtir sous la Régence. De la place où vous êtes, vous pouvez remarquer que nous sommes en pleine forêt. Si vous apercevez autre chose que des arbres, je consens à me jeter moi-même par la fenêtre où vous posez en ce moment d'une manière

si vertueuse. Point de voisins, point d'espionnage,
point de surveillance. Dans ce délicieux boudoir, on
tuerait, on assassinerait, on égorgerait sans que personne au monde en eût connaissance. — Vous voulez
me faire peur, dit la fille majeure avec un ricanement
contraint; mais je ne crois pas que vous ayez l'intention... — De vous égorger, ma chère demoiselle ? Pas
si sanguinaire ! Mais venez donc vous chauffer : il fait
réellement un froid peu galant.

Soit qu'elle fût rassurée à l'endroit des dangers que
pouvait courir sa vertu, soit que l'âpreté d'une rude
soirée de mars triomphât de son rigorisme, mademoiselle Alphonsine ferma la fenêtre et s'approcha
de la cheminée. D'Epenoy lui avança courtoisement
un fauteuil.

— Maintenant, monsieur, dit-elle en s'asseyant
avec majesté, j'espère que vous voudrez bien m'expliquer la cause de l'inconcevable guet-apens dont je
suis la victime. — Guet-apens! Rapt! Vous n'allez
pas de main morte dans le choix des termes; mais
peu importe; venons au fait. Il doit y avoir dans un
coin quelconque de votre appartement, un petit papier auquel j'attache beaucoup d'importance. C'est ce
papier qu'il me faut. Vous allez avoir la complaisance
d'écrire à votre femme de chambre; vous lui direz,
par exemple, que ne devant pas rentrer chez vous ce
soir, vous avez besoin de telles et telles choses, entre
autres du billet en question. S'il est sous clef, ce qui
est probable, vous aurez la bonté de me confier cette
clef. La lettre écrite, je retourne à Paris, et dans deux
heures je reviens vous rendre à la liberté; car jusqu'à

mon retour, il est bien entendu que vous restez en
otage dans ce charmant séjour. Est-ce convenu?

Cette déclaration, comprise à demi mot, redoubla
l'antipathie de mademoiselle Alphonsine pour madame Gastoul.

— Elle les a tous ensorcelés ! pensa la demoiselle
à marier qui, n'ayant de sa vie ensorcelé personne,
trouva ce procédé abominable.

— Il y a ici tout ce qu'il faut pour écrire, reprit
Louis en montrant un petit bureau placé dans un des
angles du salon.

Soudainement inspirée par sa haine, et saisissant
aux cheveux l'occasion de la vengeance, mademoiselle
Alphonsine leva sur d'Epenoy un regard où l'étonnement était merveilleusement joué.

— De quel papier parlez-vous? dit-elle; serait-ce
d'une lettre écrite par madame Gastoul? — Vous le
savez bien, répondit d'un ton bref le jeune homme.
—C'est fort étrange, reprit mademoiselle Alphonsine
d'un air pensif; le hasard a fait effectivement tomber
entre mes mains une lettre écrite par cette dame,
mais on est déjà venu la réclamer.—Qui donc? — La
personne qui sortait de chez moi lorsque vous y êtes
arrivé.—M. de Morsy?—Lui-même. Il m'a demandé
cette lettre en homme qui en avait le droit, et moi,
dans mon inexpérience de ces sortes de choses, je la
lui ai donnée. — Ah! marquis! ceci casse les vitres !
s'écria d'Epenoy qui se mit à marcher à grands pas
dans le salon; mouchard, soit; mais voleur! Car c'est
un véritable vol; marquis, décidément vous abusez
de vos cheveux gris. Mademoiselle, poursuivit-il en

s'arrêtant subitement ; j'ai pour vous le respect le plus profond, mais je sais, par expérience, qu'avec les femmes il faut jouer serré. Vous allez avoir la complaisance de rester ici. Votre appartement est prêt : au premier coup de sonnette, femmes de chambre et le reste seront à vos ordres. La maison est fort bien montée ; vraie régence ! Pour moi, je retourne à Paris. — Comment, monsieur, vous voulez me laisser ici ! — Parbleu !... Si M. de Morsy a réellement reçu de vous le papier en question, demain matin je procède à votre délivrance et vous ramène en vos foyers ; dans le cas contraire, rappelez-vous mon ultimatum, je vous garde en otage jusqu'à ce que vous m'ayez remis la lettre que je réclame. — Mais c'est épouvantable ! on ne se conduit pas ainsi avec une femme. Vous ne savez pas, monsieur, à quoi vous vous exposez. — A quoi, s'il vous plaît ? — Croyez-vous que je ne me plaindrai pas de cette odieuse séquestration ? — Séquestration ! encore un terme de chicane. Non, mademoiselle, vous ne vous plaindrez pas ; vous garderez au contraire le silence le plus absolu. — Je porterai plainte, vous dis-je. — Moi aussi alors ! — Vous ? — Sans aucun doute. De quoi m'accuserez-vous ? d'avoir commis un rapt sur votre aimable personne ? je rétorquerai l'argument, et je soutiendrai que c'est vous qui m'avez enlevé. — Quelle horreur ! — Horreur, tant que vous voudrez ; ce sera comme j'ai l'honneur de vous le dire. — Mais c'est absurde ! — Eh quoi ! un beau garçon peut être enlevé tout comme une jolie femme ; il n'a tenu qu'à moi de l'être déjà. Il n'est pas un juge de bon sens qui ne vous condamne à la première con-

frontation. Songez d'ailleurs à ce que dira ma mère,
votre utile amie, lorsqu'elle apprendra que vous avez
enlevé son fils. Du diable si elle s'obstine à vous trouver un mari!—Monsieur, votre conduite est indigne
d'un gentilhomme! s'écria mademoiselle Alphonsine
outrée de ce dernier propos. — Ma conduite est un
peu Régence, j'en conviens; mais la vôtre, en vous
emparant de cette lettre, n'a pas été non plus exces-
sivement exemplaire : partant, quitte. Si vous avez
faim ou que vous vouliez vous coucher, un coup de
sonnette! Vous voyez un piano; il y a aussi une bibliothèque. Enfin vous êtes dans une maison où rien
ne manque; et jamais femme aimable ne s'est plainte
de l'hospitalité qu'elle y a trouvée. Par exemple, il
est inutile de chercher à séduire les domestiques, les
drôles savent leur métier, et ils tiendraient sous clef
père et mère, sans violer leur consigne. Bonsoir donc,
mademoiselle; demain j'aurai l'honneur de vous présenter mes hommages.

D'Epenoy s'inclina d'un air dégagé et sortit du
salon sans que mademoiselle Alphonsine, étourdie
d'une scène qui lui semblait un rêve, eût le temps de
s'opposer à ce départ. Après avoir donné des ordres
concernant la garde de sa prisonnière, il remonta en
voiture et revint à toute bride à Paris, où, malgré
cette vitesse, il n'arriva qu'à une heure du matin. Il
était trop tard pour se présenter chez M. de Morsy ;
d'Epenoy se coucha donc, et, grâce aux fumées assou-
pissantes du vin de Champagne, il ne s'éveilla qu'à
onze heures. Il se leva aussitôt en pestant contre lui-
même, s'habilla rapidement, et, sans songer à dé-

jeuner, il courut chez le marquis. Quoique la matinée fût peu avancée, un autre personnage l'y avait devancé; c'était M. Gastoul.

A onze heures, M. de Morsy avait vu paraître dans son salon le candidat électoral, encore plus affairé que de coutume.

— Grande nouvelle! dit ce dernier en entrant; notre homme n'est pas mort, mais c'est la même chose. Sa démission est arrivée hier; on en donnera lecture aujourd'hui à la chambre, et le collége sera convoqué dans quelques jours. Mais qu'êtes-vous devenu hier? Je vous ai cherché partout. L'affaire marche; j'ai vu ces messieurs du comité, et j'en suis fort content. Décidément je suis le candidat adopté. Ma circulaire a été trouvée parfaite, à part quelques modifications insignifiantes. Vous savez, le comité change toujours quelque chose, pour faire acte de puissance. Où j'avais mis le mouvement, on a mis le progrès, et au lieu des glorieuses journées, l'immortelle révolution de 1830. Des bêtises! J'ai cédé; mais une fois nommé, ce sera une autre affaire. Maintenant voici le diable : tout le monde est de votre avis, et me dit de partir pour Limoges...—Vous ne pouvez pas vous en dispenser, dit le marquis. — Je le sais bien; mais madame Gastoul s'est mis dans la tête que je lui ai promis de rester à Paris jusqu'au mois de juin, et elle ne veut pas entendre parler de départ.—Madame Gastoul est trop raisonnable pour ne pas se rendre à la nécessité. — Vous ne connaissez pas ma femme; elle est fort aimable, mais elle a une tête! hier je l'ai prêchée pendant deux heures sans gagner un pouce de terrain. — Voulez-vous que j'essaie si mon éloquence aura plus de succès que la vôtre? dit le marquis avec un faible sourire. — J'allais vous en prier. Madame Gastoul a beaucoup de considération pour vous, et j'espère qu'elle ne résistera pas à vos remontrances. Elle est chez elle ; faites-moi le plaisir d'aller lui parler. — Il est bien matin, dit M. de Morsy en regardant la pendule.— Ma femme n'est pas cérémonieuse, elle vous recevra ; plus tard, elle serait peut-être sortie.

Le marquis n'avait pas besoin de cette sollicitation pour être décidé à aller le jour même chez madame Gastoul. Il n'attendait qu'une heure convenable. Autorisé à enfreindre l'étiquette, il promit au futur député de le servir de son mieux, et demandant sa voiture, il ne tarda pas à se faire conduire chez la femme séduisante, mais coquette, dont il était exclusivement occupé depuis si longtemps.

Malgré ses inquiétudes et l'esprit de haine qu'elle avait voué récemment à son amoureux gardien, madame Gastoul l'accueillit avec un gracieux empressement. Confiante en son empire sur le marquis, et comptant pour un faible obstacle la résistance qu'il lui avait opposée en dernier lieu, elle s'était promis de s'en faire un auxiliaire contre son mari, sans prévoir que celui-ci aurait la même pensée. Ce fut donc elle qui, la première, aborda d'un air de bouderie enjouée la grande question du retour à Limoges.

— Je suis toujours charmée de vous voir, dit-elle, mais aujourd'hui surtout ; M. Gastoul ne tardera pas sans doute à rentrer, et malgré votre méchanceté de

l'autre jour, j'espère que vous lui ferez entendre
raison. — Madame, répondit le marquis, c'est à vous
d'abord que je suis résolu de faire entendre raison.
Cette hardiesse, qui de la part d'un autre vous parai-
trait étrange, doit moins vous surprendre venant
d'un espion.

Ce dernier mot, expressivement articulé, fit éclore
une subite rougeur sur les joues de madame Gastoul.

— Un espion! balbutia-t-elle; je n'ai jamais dit
cela. — Ne l'avez-vous jamais écrit?

Troublée d'une interrogation qui supposait la connaissance d'une raillerie dont elle seule et d'Epenoy
devaient avoir la clef, la jeune femme éprouva un
moment d'embarras insurmontable, et, au lieu de
répondre, elle baissa les yeux. A la vue de cette confusion, le marquis se trouva suffisamment vengé, et,
loin de profiter de son avantage comme eût fait peut-
être un cœur moins généreux, il fut sur le point de
se le reprocher.

— L'espion vous supplie de relever sur lui vos
beaux yeux, dit-il avec un mélancolique sourire;
quoique vous le traitiez souvent bien mal, il lui est
impossible de vous garder rancune. D'ailleurs il espère ne pas trop vous déplaire aujourd'hui; car il
apporte de bonnes nouvelles. — Quelles nouvelles?
demanda madame Gastoul en s'enhardissant à le regarder.

M. de Morsy tira d'une poche de son gilet un petit
paquet cacheté, et le présenta en silence à la jeune
femme. Celle-ci brisa le cachet machinalement; mais
lorsqu'elle eut déplié l'enveloppe et trouvé ses deux

lettres à d'Epenoy, l'émotion qu'elle ressentit fut si
vive que le marquis, la voyant chanceler, la soutint
et la fit asseoir.

— Calmez-vous, mon enfant, lui dit-il alors avec
cette tendresse indulgente et résignée qui n'appartient
qu'aux vieillards; tout est réparé, et vous n'avez plus
rien à craindre. Mademoiselle du Boissier n'osera pas
dire un seul mot; je vous réponds de son silence. Ce
jeune homme se taira aussi, je l'espère. D'ailleurs son
indiscrétion ne saurait être dangereuse, puisque voilà
vos lettres. Enfin vous êtes bien sûre que je ne vous
trahirai pas. — Quelle idée devez-vous avoir de moi?
dit madame Gastoul en cachant de ses mains la rougeur de son front; j'en suis sûre, vous me méprisez!
— Moi! qui vous aime... comme le ferait un père,
s'écria M. de Morsy, vous mépriser! — Ne l'ai-je pas
mérité? Ah! c'est maintenant seulement que je reconnais ma faute. — Dites votre imprudence, car il
n'y a dans votre conduite que de l'imprudence. Et
quelle femme, à votre âge et dans votre position, n'a
pas un instant d'irréflexion et d'entraînement? Ne
vous exagérez donc pas des torts si faciles à réparer,
mais rappelez-vous le danger auquel vous échappez
aujourd'hui, et que ce souvenir soit votre sauvegarde.
Que serait-il arrivé si, au lieu de tomber entre les
mains d'un ami dévoué, ces lettres fussent restées au
pouvoir d'une ennemie peu scrupuleuse et d'un homme
dont la discrétion ne passe pas pour être la principale
vertu? En fallait-il plus pour perdre une femme? et
vous, dont le cœur est si fier, que seriez-vous devenue
s'il vous eût fallu subir les dédains d'un monde sans

pitié? — Vous avez raison, répondit madame Gastoul d'un air rêveur; il n'y a que vous qui me donniez de bons conseils.

M. de Morsy serra avec effusion la main que lui tendait la jeune femme, et, reprenant la parole d'une voix pressante : Puisque vous reconnaissez la bonté de mes conseils, dit-il, suivez-les, au nom du ciel! Le séjour de Paris est dangereux, vous le voyez. C'est la fièvre qu'on y respire qui a troublé un instant la sérénité de votre âme. Ne vous souvient-il plus de nos douces soirées de campagne, de cette existence si tranquille, de ces plaisirs si purs? Vous étiez heureuse alors; l'êtes-vous maintenant? N'avez-vous donc nulle envie de revoir votre famille, où vous êtes si impatiemment attendue, votre maison attristée de votre absence, et vos jardins en fleur, et vos pauvres qui croient que vous les oubliez? Partez, je vous en supplie; partez, madame. Je vous ai remis ces lettres sans condition; et pourtant, pour les ravoir, que n'auriez-vous pas accordé! Mais il m'eût été trop cruel de ne devoir votre consentement qu'à la contrainte; c'est aux nobles instincts de votre cœur que je m'adresse. Oh! dites-moi qu'en attendant de vous un courageux effort je n'ai pas trop présumé de votre caractère, de votre raison, de votre vertu! Vous partirez, n'est-ce pas? — Vous seul êtes mon véritable ami, dit madame Gastoul entraînée par l'émotion du moment; je partirai.

A l'instant même où la jeune femme prononçait cette parole décisive, la porte s'ouvrit, et Louis d'Epenoy, dont la physionomie annonçait un orage près d'éclater, entra brusquement dans le salon.

XI

L'entretien de madame Gastoul et du marquis s'était trouvé interrompu au moment où la jeune femme, un peu remise de son émotion, allait chercher à satisfaire sa curiosité. Parmi les faits encore inexpliqués, mais certains, qu'offrait la restitution de ses lettres, un surtout l'avait frappée de surprise et singulièrement irritée tout aussitôt. L'homme vers qui inclinait la faiblesse de son cœur avait perdu ou s'était laissé ravir le billet qu'elle lui avait écrit. Négligence, étourderie ou indiscrétion, la faute était odieuse. C'était là un de ces méfaits qu'une femme a peine à pardonner.

Outrée contre d'Epenoy, madame Gastoul sentit redoubler son mécontentement en le voyant arriver si mal à propos et d'une manière si peu cérémonieuse. Composant aussitôt son maintien et son visage, elle l'accueillit d'un air glacial, et tandis qu'il la saluait, elle affecta de regarder la pendule dont les aiguilles marquaient à peine midi. Malgré son agitation, le jeune homme remarqua ce jeu muet destiné à lui faire comprendre l'importunité de sa visite. Un peu déconcerté d'une réception que la présence du marquis rendait plus mortifiante, il s'efforça de dissimuler son dépit.

— Madame, dit-il avec un sourire forcé, j'espère

que vous voudrez bien excuser une visite peut-être un peu trop matinale. Je n'aurais pas pris la liberté de me présenter chez vous à pareille heure, si en passant devant votre porte je n'eusse aperçu la voiture de M. de Morsy, ce qui m'a appris que vous étiez visible.

Pour toute réponse à cette apologie, la jeune femme inclina légèrement la tête sans que sa physionomie s'adoucit, et se tournant aussitôt vers le marquis : Et vous, lui dit-elle, comme si elle eût repris la conversation interrompue par d'Epenoy, irez-vous bientôt dans le Limousin? — A la fin de mai, répondit M. de Morsy, à moins que le procès qui me retient à Paris ne soit pas encore jugé à cette époque. — Par conséquent je vous précéderai de deux mois. Vous verrez que je ne perdrai pas mon temps; je veux que le kiosque de la petite île soit bâti quand vous arriverez; je vous y ferai dîner la première fois que vous viendrez nous voir. — Comment, madame, est-ce que vous retournez à Limoges? demanda Louis fort surpris de ce qu'il venait d'entendre. — Oui, monsieur, répondit d'un ton bref madame Gastoul. — Bientôt? — Le plus tôt possible. — Voilà une résolution bien subite... Ces jours derniers encore vous parliez autrement... Ne vouliez-vous pas rester à Paris une partie de l'été? — J'ai changé d'avis.

Le laconisme des réponses de madame Gastoul, le ton tranchant dont elles furent articulées, et le regard hautain qui les accompagna, enchantèrent le marquis autant qu'ils blessèrent d'Epenoy.

—Quelle mouche l'a piquée? se dit celui-ci; je parierais que c'est encore un tour de ce vieux trouble-fête!

Louis regarda de travers M. de Morsy et le vit souriant à la jeune femme d'un air d'approbation.

— Monsieur, lui dit-il, emporté par son dépit, je sors de chez vous; je voulais vous demander un moment d'entretien.

Avant que le vieillard eût répondu, madame Gastoul se leva.

—Vous pouvez causer ici, dit-elle; pendant ce temps, je vais m'habiller; la veille d'un départ on a mille emplettes à faire. — Vous partez donc demain, madame? s'écria d'Epenoy avec une véhémence à demi comprimée.—Cela dépend de M. Gastoul. Pour moi, je voudrais déjà être partie. Paris est charmant, mais on n'est bien que chez soi. Monsieur de Morsy, aurez-vous la complaisance de m'accompagner dans mes courses? Je vous préviens que la corvée durera peut-être jusqu'au dîner.—Je suis à vos ordres, madame, s'empressa de répondre le marquis.

D'Epenoy ne se méprit pas sur le motif d'un pareil arrangement.

—C'est une manière polie de me faire comprendre qu'il faut renoncer à la revoir aujourd'hui, se dit-il; mais que lui ai-je fait à cette capricieuse?

Malgré sa mauvaise humeur, il adressa un regard suppliant à la jeune femme qui, au lieu de se laisser fléchir par cette muette sollicitation, lui dit d'un ton froid et cérémonieux : Peut-être, monsieur, n'aurai-je pas le plaisir de vous vous revoir avant mon départ. Veuillez donc recevoir mes compliments d'adieu.

D'Epenoy s'inclina, le désappointement et la colère dans le cœur; lorsqu'il releva la tête, la coquette
corrigée était déjà près de la porte de sa chambre.

— Êtes-vous content de moi? demanda-t-elle tout
bas à M. de Morsy qui l'avait reconduite jusque-là.

— Vous êtes un ange! répondit le vieillard dont le
visage exprimait la reconnaissance et le ravissement.

Peut-être l'homme de cinquante ans voyait-il à
travers un prisme trop flatteur le traitement sévère
que venait de faire à son amant madame Gastoul.
Le dépit avait à cette conduite au moins autant de
part que la raison; mais quand un fait est louable,
à quoi bon en analyser la cause? La vertu est un
beau fruit qu'il faut admirer des yeux sans y porter
la main, car parfois une pression indiscrète en fait
jaillir un suc moins pur que son écorce.

La joie dans les yeux, malgré ses efforts pour
jouer l'indifférent, M. de Morsy revint à pas lents
vers l'amoureux déconcerté dont il venait enfin d'obtenir la disgrâce.

— Vous avez quelque chose à me dire? lui demanda-t-il d'un air d'amitié; car dans son contentement le vieillard était prêt à pardonner à son rival;
parlez, mon cher Louis; serais-je assez heureux pour
pouvoir vous rendre service?

Ce propos bienveillant parut un intolérable persiflage à d'Epenoy, qui avant d'y répondre sourit amè-
rement.

— Non, monsieur, dit-il avec un accent qui, sans
manquer à la déférence due à l'âge du marquis, tra-

bissait un courroux en ébullition et près de se ré-
pandre; je n'ai pas de service à vous demander, mais
une petite explication. Vous êtes l'ami de ma mère;
je connais les égards dus à ce titre, et j'espère ne
m'en écarter jamais. S'il m'échappe malgré moi
quelque parole un peu vive, je vous prie d'avance de
me la pardonner; mais si je parviens à m'exprimer
convenablement, cette modération sera très-méritoire; car rien n'est lourd à digérer comme une colère légitime. — Vous êtes donc en colère? reprit le
marquis d'un air paisible.

D'Epenoy parut employer mentalement la recette
réfrigérante qui consiste, lorsqu'on se sent irrité, à
penser sept fois à ce qu'on va dire, avant de parler.

— Je crois ne pas manquer au respect que je vous
dois, dit-il enfin, en vous déclarant que je donnerais
volontiers la moitié de ma fortune pour qu'en ce
moment vous eussiez mon âge. — Et moi, mon ami,
répondit le vieillard en souriant tristement, je donnerais pour cela ma fortune entière, dussé-je, en
outre, payer ce rajeunissement d'une petite promenade en votre compagnie au bois de Boulogne ou à
Vincennes. — Vous avouez donc que j'ai le droit de
me plaindre de vous? Mais procédons par ordre.
Permettez-moi d'abord de vous adresser une question : Est-il vrai qu'hier mademoiselle du Boissier
vous ait remis une lettre? — C'est vrai. — Fort bien.
Maintenant aurez-vous la bonté de m'apprendre ce
qu'est devenue cette lettre, sur laquelle je prétends
un droit légitime? — Elle est entre les mains d'une
personne dont les droits, à cet égard, sont, je crois,

au moins aussi légitimes que les vôtres. — A merveille! Voilà ce qui m'a valu l'accueil que je viens
de recevoir. Je comprends que vous vous applaudis-
siez de votre ouvrage; mais je prendrai la liberté de
vous dire ce que je pense d'un pareil procédé; car il
est odieux, poursuivit d'Epenoy en s'échauffant malgré lui, il est révoltant de traiter un homme comme
vous me traitez depuis trois mois. Eh bien! oui,
j'aime madame Gastoul! C'est le droit de chacun;
c'est le vôtre, et morbleu! vous en usez comme moi.
— Louis, vous n'y pensez pas, interrompit le vieillard d'un ton sérieux. — J'y pense fort bien, monsieur; je ne suis pas aveugle. Nous sommes donc
rivaux; jusque-là rien de mieux. De mon côté, je
cherche à plaire, vous faites votre cour du vôtre:
chacun pour soi, le ciel pour tous! Voilà comme on
se conduit entre hommes du monde. Mais est-ce
ainsi que vous en avez usé envers moi? Vous ai-je
jamais empêché de chercher à réussir? Faites-vous
aimer si vous pouvez, je ne m'y oppose point. Pourquoi ne m'accordez-vous pas la même tolérance?
D'où vient cette obstination, cet acharnement à me
barrer le chemin? Si vous étiez marié, je pourrais
supposer que vous êtes mon ennemi par esprit de
corps; mais notre position n'est-elle pas la même?—
A vingt-cinq ans près, dit M. de Morsy en étouffant un
soupir.— Qu'est-ce que ça fait? — Cela fait que j'en-
visage froidement et raisonnablement une chose que
vous jugez selon vos passions de jeune homme. Écoutez-moi, Louis; mais d'abord chassez de votre esprit
l'idée absurde d'une rivalité que mon âge rendrait

si ridicule. Je ne suis pas amoureux, ainsi que vous venez de le dire, mais j'éprouve pour cette jeune femme une amitié paternelle...

— Oh! paternelle! — Paternelle. Son mari ne veille pas sur elle avec autant de soin qu'il le devrait ..
— N'en dites pas de mal, interrompit Louis en souriant malgré sa mauvaise humeur; c'est un fort galant homme. Il sait vivre, celui-là! — Mariée à un pareil être, reprit le marquis avec une indignation méprisante, elle est exposée à mille dangers. Puisse mon amitié que vous trouvez si gênante, puisse mon dévouement que vous traitez d'espionnage l'en préserver toujours! Dans sa position, accueillir l'amour d'un homme, le vôtre surtout, c'est se vouer à des regrets certains. — Ne calomniez pas mon amour; il est profond et sincère. — Parlez plus bas ; elle est dans la chambre à côté et elle pourrait nous entendre. Si votre amour est tel que vous le dites, vous devez comprendre les suites fatales qu'il peut avoir pour son repos. Supposons qu'elle y réponde, poursuivit le vieillard d'une voix un peu altérée, ce sera le malheur de sa vie! Tôt ou tard il faudra qu'elle retourne à Limoges. Que deviendra-t-elle alors, si elle vous aime? et vous, que ferez-vous? — Je la suivrai. — Pour la perdre, aux yeux d'une ville de province, foyer de tracasserie et de médisance? Cette démarche serait plus qu'une folie; ce serait une mauvaise action, et vous ne la commettrez pas. Allons, mon cher Louis, soyez raisonnable. Vous êtes jeune, et je ne prétends pas vous imposer les vertus d'un anachorète. Mais manque-t-il à Paris de femmes dignes de vous

plaire? N'est-il pas temps d'ailleurs de songer à vous marier? — Vous avez vu ma mère, dit ironiquement d'Epenoy. — Oui, j'ai vu votre excellente mère. Nous avons parlé longtemps de vous, de vos bonnes qualités, mais aussi un peu de vos étourderies, et surtout des projets si pleins de dévouement et de tendresse qu'elle forme pour votre avenir. Votre mère s'est expliquée à cœur ouvert, comme on fait avec un vieil ami. Je ne vous cacherai pas que le dérangement de votre fortune lui cause de l'inquiétude. Elle donnerait beaucoup pour vous voir rompre avec cette vie oisive, déréglée, et pourtant si monotone! Il est impossible qu'un homme de votre portée n'en sente pas le vide, et je suis sûr qu'au fond la société de vos gants jaunes vous paraît souvent ce qu'elle est en réalité. Votre mère, en m'exprimant le plaisir que lui ferait éprouver un changement dans votre conduite, m'a parlé de son désir d'arranger vos affaires. Vous avez des dettes; elle ne m'a pas paru trop éloignée de les payer. — Je ne m'y oppose pas, dit avec empressement l'enfant prodigue. — Vous comprenez qu'elle mettrait à cela une petite condition. — Ma retraite à la Trappe, peut-être? — Il ne s'agit pas de la Trappe, mais d'une démarche qui prouve à votre mère que vous avez l'intention de justifier ses bontés en réformant votre manière de vivre. L'épreuve après tout n'aurait rien de si désagréable. Que diriez-vous d'un petit voyage en Italie ou en Allemagne, où vous voudrez enfin? — A Limoges, par exemple, dit d'Epenoy d'un air sardonique. — La plaisanterie me semble hors de saison, reprit sévèrement le marquis.

10

— Ce qui me paraît, à moi, encore plus hors de saison, c'est d'être sermonné lorsque j'ai le droit de me plaindre. Notre conversation, monsieur, a décrit une étrange parabole ; permettez-moi de revenir au point de départ.

Le jeune amoureux allait sans doute récapituler ses griefs contre le marquis, mais il en fut empêché par M. Gastoul, qui en cet instant entra dans le salon.

— Votre serviteur, messieurs, dit le maître du logis avec la brusquerie d'un homme surchargé de soins et d'affaires ; eh bien ! marquis, avez-vous parlé à ma femme ? où en sommes-nous ? — Madame Gastoul est prête à vous accompagner à Limoges, répondit M. de Morsy d'un ton sérieux. — *Bravissimo !* vous êtes un homme charmant ! reprit le mari en se frottant les mains, tandis que d'Epenoy ricanait sourdement ; quel dommage que ce maudit procès vous retienne à Paris ! je suis sûr que vous auriez poussé l'obligeance jusqu'à être du voyage. Vous auriez été mon cornac dans la ville de Pourceaugnac : ça rime, et joliment. — Je suis fâché de ne pouvoir vous rendre ce service, répondit le marquis, tenté de hausser les épaules ; vous savez qu'en ce moment il m'est impossible de quitter Paris.

Monsieur Gastoul se tourna vers l'amant de sa femme.

— Parbleu ! dit-il tout à coup, frappé d'une inspiration soudaine ; vous n'avez pas de procès, vous. Voilà le carnaval fini ; un lion de votre espèce ne peut pas décemment passer l'été à Paris ; qui vous empê-

cherait donc de venir faire un petit tour dans le Limousin? — Rien absolument, répondit d'Epenoy,
dont l'œil brillant de satisfaction se reposa aussitôt
avec la plus triomphante moquerie sur la physionomie consternée du vieillard son rival. — Êtes-vous
vraiment capable d'accorder un instant de trêve à
vos victimes, pour venir passer pastoralement un
mois ou deux dans notre désert? — Non-seulement
capable, mais charmé; on m'a précisément ordonné
l'air de la campagne. — Alors, touchez là. — De tout
mon cœur. — Mais n'espérez pas que je vous laisse
jouir des délices champêtres avant mon élection. Les
affaires d'abord, mon cher hôte. Je ne vous cacherai
pas, d'ailleurs, qu'il entre un peu d'égoïsme dans mon
invitation. Je compte sur vos talents diplomatiques
pour me faire là-bas des prosélytes. D'abord, je don-
nerai des dîners, et vous aurez la bonté de seconder
madame Gastoul, car, avec mes distractions conti-
nuelles, je suis un maître de maison détestable;
tandis que vous, je vous ai vu à l'œuvre, amphi-
tryon du premier mérite. Ensuite vous m'aiderez,
moi, à manipuler la matière électorale. Il faut bien
que vous fassiez votre apprentissage. En ce moment
vous ne songez qu'à plaire aux jolies femmes et à
berner ces pauvres diables de maris; mais dans quelques années, lorsque, marié vous-même, vous ne serez
plus bon qu'à faire un député, l'ambition vous vien-
dra. Il est donc utile que vous étudiiez d'avance la
manière d'engluer constitutionnellement ces braves
électeurs. Car c'est une vraie pipée qu'une élection!
Vous verrez; ça vous amusera. — Je m'en fais d'a-

vance une fête, dit Louis en riant malignement. —
C'est donc une affaire convenue. On vient de me dire
que ma femme est à sa toilette; je vais la remercier
du sacrifice qu'elle me fait et lui communiquer notre
petit arrangement : attendez-moi là.

En prononçant ces mots, le mari peu clairvoyant
se dirigea vers la chambre de sa femme. Dès qu'il fut
sorti du salon, M. de Morsy, qui pendant la fin de ce
dialogue avait gardé un sombre silence, s'approcha
du jeune amoureux dont le sourire moqueur semblait
le braver.

— Vous n'irez pas à Limoges! lui dit-il impérati-
vement. — Si fait, parbleu! répondit d'Epenoy du
ton le plus décidé. — Vous n'irez pas! vous dis-je!
— Qui m'en empêchera? — La contrainte, si la raison et la délicatesse sont impuissantes. — Cette contrainte, qui se chargera de l'employer? demanda le
jeune homme d'un air de hauteur. — Moi, répondit
avec fermeté le marquis; jusqu'ici je vous ai tenu le
langage de l'amitié; si vous m'y forcez, j'emploierai
des moyens plus efficaces. Il n'y a plus de Bastille
pour y enfermer par lettre de cachet les jeunes gens
sans conduite, mais il y a encore des prisons desti-
nées à ceux qui ne payent pas leurs dettes. Vous me
devez trois mille francs. — Je vous dois trois mille
francs! répéta d'Epenoy; voici qui est un peu fort.
— Trois mille francs souscrits par vous au profit de
M. Jolibert et endossés par lui à mon ordre. Cette
dette est exigible depuis plusieurs jours, et son non
payement entraîne la contrainte par corps. Vous n'a-
vez pas d'argent, je le sais; or je vous déclare que si

vous ne me donnez pas votre parole d'honneur de ne
point aller à Limoges, aujourd'hui même les huissiers
seront en campagne. — Qu'ils viennent chez moi,
vos huissiers, je les fais sauter par la fenêtre! s'écria
le jeune homme exaspéré de ce contre-temps; d'ailleurs, continua-t-il d'un ton plus calme, je trouverai
de l'argent d'ici à demain, et j'irai à Limoges, et tous
les démons de l'enfer ne m'empêcheront pas d'assister
à la pipée électorale de cet estimable citoyen, et si
je peux l'engluer lui-même... — Taisez-vous, le
voici, dit le vieillard, prudent jusque dans sa colère.

M. Gastoul rentrait en effet dans le salon; il s'approcha des deux rivaux en dandinant d'un air gêné,
et hésita un instant avant de parler.

— Ma foi, mon cher d'Epenoy, dit-il à la fin avec
un sourire contraint, je crois que tout à l'heure je me
suis un peu trop avancé. Vous ne savez pas ce que
c'est que d'être marié; on n'est pas toujours le maître... Madame Gastoul, à qui je viens de faire part de
notre projet, serait certainement ravie de vous recevoir, mais elle m'a fait observer qu'à Limoges on
trouverait peut-être singulier... Vous savez comment
on est en province... une pruderie outrée, des cancans
sans fin... Limoges surtout est horriblement petite
ville... Bref, ma femme craint que la présence dans
notre maison d'un lion de votre espèce ne donne lieu
à des propos désagréables qu'elle désire éviter... Que
voulez-vous, mon cher? c'est l'intérêt de votre bonne
mine qu'on vous fait payer là... Mais j'espère bien
que cela ne vous empêchera pas de venir nous voir
plus tard à la campagne.

A mesure que M. Gastoul annonçait cette déclaration embarrassante, le front de d'Epenoy se rembrunissait, tandis que la physionomie du marquis recouvrait sa sérénité.

— Infernale coquette ! se dit le jeune homme. — Ange adorable ! pensa le vieillard.

Malgré la formelle détermination d'une rupture qu'annonçait la conduite de madame Gastoul, Louis d'Epenoy ne s'avoua pas vaincu. Trois jours de suite il se présenta chez la belle provinciale, qui se montra aussi obstinée dans sa vertueuse résolution qu'il paraissait lui-même persévérant dans son amoureuse poursuite. Effort de raison ou reste de dépit, madame Gastoul fut inexorable et refusa de le recevoir. Le troisième jour, l'amant furieux, mais non désespéré, apprit de M. Gastoul, qui l'accueillait toujours de la manière la plus amicale, que le départ des deux époux était fixé au lendemain matin.

A l'heure indiquée par le bénévole mari, les habitants de la rue de Provence purent remarquer sur le trottoir, non loin de la rue Taitbout, un jeune homme blond, qu'enveloppait un manteau drapé à la manière espagnole. Après une faction, plus longue encore que celle qu'il avait montée aux Tuileries quelques jours auparavant, d'Epenoy, car on l'a reconnu, aperçut une chaise de poste qui sortait d'une des maisons en face desquelles il s'était placé. Aussitôt il releva son manteau jusqu'à ses yeux et demeura immobile.

Dans un des angles de la voiture, M. Gastoul, la tête ornée d'une casquette, et ses lunettes bleues sur le nez, se livrait en apparence à une de ces méditations de politique transcendante dont il avait l'habitude. A sa droite, sa femme, enveloppée d'un élégant manteau de voyage, semblait plongée dans une rêverie non moins profonde. Visiblement préoccupée, malgré la nonchalance de son attitude, en sortant de sa maison, elle promena dans la rue un regard interrogateur qui dépista aussitôt l'amant en embuscade. Voyant que l'ambitieux Limousin, selon son usage, s'occupait de tout autre chose que des actions de sa femme, d'Epenoy rabattit son manteau, et offrit à la cruelle reine de son cœur un regard si éloquent de désespoir, un visage si pâle, une contenance si éprise et si suppliante, que, par une rechute soudaine, madame Gastoul porta la main à ses cheveux.

Cette scène fut un éclair ; bientôt la chaise de poste disparut au tournant de la rue. D'Epenoy alors fit un pas en arrière, et rejeta le pan de son manteau sur son épaule, par un mouvement orgueilleux que n'eût pas désavoué le plus fier Castillan ; puis sifflant entre les dents un motif triomphal, il se dirigea vers le Café Anglais, où il déjeuna de fort bon appétit.

XII.

Le départ de madame Gastoul brisa le fil qui avait lié pendant quelque temps les divers personnages de cette histoire. Chacun d'eux tira de son côté et parut retourner à sa vie habituelle, comme au théâtre, les acteurs qui ont joué ensemble se séparent à la chute du rideau. La pièce cependant n'était pas finie. Avant de passer au dernier acte, il convient de compléter quelques détails accessoires, mais non superflus.

Rendue à la liberté le lendemain de son enlèvement, mademoiselle du Boissier était rentrée chez elle dans un tel état d'exaspération, que cette crise jointe au dépit rongeur produit par tant de déceptions matrimoniales et aux âcres humeurs particulières à certains célibats, détermina une maladie inflammatoire qui mit ses jours en danger, et la retint au lit pendant plusieurs semaines. Toutefois, malgré sa fureur contre d'Epenoy, mademoiselle Alphonsine, ainsi que l'avait prédit l'audacieux ravisseur, se garda de publier son aventure; car un enlèvement, si peu sérieux qu'il puisse être, est une médiocre recommandation aux yeux d'un futur époux, et la fille majeure, plus grande que ses revers, n'avait nullement renoncé au mariage.

La maladie de mademoiselle du Boissier donna à sa protectrice un assez long relâche dont celle-ci profita pour parachever deux ou trois petites négociations conjugales que lui avaient fait un peu négliger, en dernier lieu, ses efforts désespérés pour l'établissement de la pauvre Alphonsine. Mais de pareilles brouilles d'hyménée ne pouvaient être qu'un intermède pour l'esprit actif de madame d'Epenoy, qu'occupa bientôt, à l'exclusion de tout autre soin, une affaire plus sérieuse et qui la touchait de plus près.

M. de Morsy et Louis d'Epenoy s'étaient rencontrés

plusieurs fois sans se chercher, ni s'éviter. En ces
occasions, ils s'abstenaient, d'un commun accord, de
parler de madame Gastoul, et semblaient oublier
qu'ils avaient été rivaux. Ils vivaient donc ensemble
comme par le passé : le jeune homme, plein de déférence pour l'ami de sa mère ; le vieillard, bienveillant
pour le fils de son ancienne amie.

D'Epenoy paraissait supporter avec résignation le
coup qui avait brusquement frappé son amour. Bientôt, d'ailleurs, des soucis d'une nature peu sentimentale vinrent faire diversion aux peines que pouvait
endurer son cœur. Harcelé par ses créanciers, le jeune
dissipateur reconnut la nécessité de mettre ordre à
ses affaires, et se résignant à une démarche qu'avait
longtemps repoussée son orgueil, il se décida, pour
éviter une ruine totale, à recourir à cette providence
terrestre qui se nomme l'amour maternel.

Un matin donc, l'enfant prodigue comparut devant
sa mère, non point hâve, décharné, souillé de boue
et couvert de haillons, comme son aîné de la Bible,
mais élégant, leste, gracieux, l'œil câlin et le sourire
sur les lèvres. Après avoir déclaré d'un air fort peu
contrit qu'il venait faire une confession générale de
ses énormités, il s'assit gentiment sur un tabouret,
aux pieds de madame d'Epenoy, et commença un si
joyeux récit de ses erreurs, contrefit si plaisamment
les physionomies féroces de ses créanciers, dépeignit
avec un pathétique si bouffon les tortures qui l'atten-
daient dans les cellules de la rue de Clichy, que la
vieille dame, charmée de ce mauvais sujet de fils, qui
à chaque gros péché lui baisait tendrement les mains,

ne put se défendre de l'embrasser à son tour, par forme d'absolution.

— Levez-vous, vaurien, lui dit-elle lorsqu'il eut achevé l'aveu de ses égarements ; on payera vos dettes; mais n'en faites plus. Vous me donnerez votre procuration pour que je dégage votre domaine des Tillots, et vous aurez la complaisance de partir sans délai pour l'Italie, où vous resterez jusqu'à ce que je vous rappelle. La pénitence n'est pas très-sévère, et ce sera une occasion naturelle de rompre avec la société fort peu recommandable que vous fréquentez depuis quelques années.

A travers l'indulgence de ce langage perçait une résolution ferme que Louis n'essaya pas d'ébranler. Soit que cédant à la nécessité il eût pris son parti d'obéir sans discussion, soit que quelque arrière-pensée eût affaibli sa répugnance pour les voyages, il promit à sa mère une soumission absolue, et réalisa cet engagement en partant quelques jours après.

Au bout d'un mois, madame d'Epenoy, à qui son fils avait déjà écrit une lettre datée de Gênes, en reçut une seconde timbrée de Rome, dans laquelle il lui annonçait l'intention de passer dans cette ville une partie de l'été. Fort satisfaite d'un résultat qui semblait un acheminement certain vers le mariage qu'elle rêvait depuis si longtemps, la mère de Louis ne chercha plus qu'à lui dénicher le phénix des héritières.

Pendant ce temps, l'élection dont on a déjà parlé avait eu lieu à Limoges. Malgré le patronage du comité de l'opposition et l'éloquence de sa propre circulaire, M. Gastoul avait échoué. Le candidat vaincu apprit lui-même son échec au marquis dans une lettre où, sous une indifférence affectée et visant à l'ironie, perçaient le dépit et la déconvenue.

—Je ne suis pas député, et peut-être ne le serai-je jamais, écrivait-il ; mais la presse vaut au moins la tribune ; je pars pour ma campagne, où je compte élucubrer dans le cours de l'été un ou deux volumes à la façon des lettres de Junius et dans le style de Courier, qui ferons rire jaune plus d'un de nos matadors politiques.

Quant à l'homme de cinquante ans, principal personnage de cette histoire, outre son procès, une sage résolution le retenait à Paris. Délivré de ses angoisses jalouses, il avait reconnu que le seul moyen de prévenir le retour de cette torture était de lui ôter tout aliment en se guérissant enfin d'une passion insensée. Il prit donc l'héroïque détermination de ne pas aller en Limousin, et confia le traitement de sa folie à l'absence, ce grand médecin de l'amour.

Pendant près de trois mois le marquis exécuta courageusement sa résolution ; mais de quelle énergique vertu n'eut-il pas besoin pour y persévérer ! Quel vide profond soudainement creusé dans sa vie ! quelle solitude au milieu de cette foule indifférente ! quelle terne vapeur épandue sur tous ces objets si brillants quand elle était là ! quel désœuvrement ! quel ennui ! quel sombre printemps !

Les maisons où le vieillard avait l'habitude de rencontrer madame Gastoul, lui étaient devenues odieuses. Il fuyait les lieux pleins de ce cher et cruel souvenir ; mais ce souvenir lui-même, où le fuir et comment s'y soustraire ? Les plus futiles circonstances, les hasards les plus imprévus lui rappelaient à chaque instant, à chaque pas, la dangereuse image qu'il voulait oublier. Les sons d'un piano frappaient-ils son oreille, c'était la valse où il avait admiré sa grâce séduisante, c'était la romance qu'elle aimait à chanter. Une jeune femme à la taille svelte, à la tournure gracieuse passait-elle près de lui, elle marchait ainsi. Et quand cette continuelle préoccupation semblait un moment s'assoupir, de blonds cheveux rapidement entrevus, un vague parfum, une fleur, un rien indescriptible la réveillait aussitôt plus douloureuse et plus cuisante.

Au commencement de l'été, M. de Morsy gagna son procès. Ce souci avait eu le mérite d'être quelquefois une distraction ; dès qu'il eut disparu, le mal amoureux, désormais dominateur unique, redoubla de violence et d'intensité. Le marquis tomba peu à peu dans un morne abattement. Aux gens qui venaient le complimenter sur le gain de son procès, il répondait par un sourire aussi triste que si ce triomphe eût été sa ruine. Rien ne parvenait à l'arracher aux mélancoliques rêveries dans lesquelles il apercevait sans cesse, au fond d'un frais vallon et sous l'ombrage des marronniers fleuris, l'être charmant, unique pensée de son cœur, jeune tourment de sa vieillesse. Bientôt ces regrets, cette tristesse, ces désirs devinrent une véritable nostalgie. Dans l'atmosphère de Paris, M. de Morsy étouffait ; pour lui, l'air et la vie étaient près d'elle. Il lutta quelques jours encore, mais il succomba enfin sous l'etreinte de la passion. Un matin, sans préparatifs, sans préméditation, sans volonté pour ainsi dire, et poussé par une force irrésistible, le vieillard partit pour Limoges.

Par une belle soirée du mois de juin, M. de Morsy, arrivé à sa campagne depuis une heure à peine, se dirigeait, en suivant un chemin tortueux, vers la maison qu'habitait madame Gastoul, à un quart de lieue de distance. Il marchait si rapidemment qu'un jeune homme se fût fatigué à le suivre; mais, malgré cette impatience, ses yeux parcouraient avec avidité les moindres détails de la campagne qu'il traversait. Là, au flanc du coteau, s'étendait la châtaignerie où, sur la pelouse semée de roches grisâtres, il s'etait souvent assis près d'elle ; à gauche, dans le creux du vallon, serpentait la rivière où, derrière les saules, balançait au gré du courant le batelet qu'elle manœuvrait avec une si gracieuse audace. Enfin, au bout du chemin, déjà il distinguait, à travers les arbres, la maison à blanches façades et à contrevents verts, qu'à Paris il avait vue en rêve tant de fois. Doucement troublé par les souvenirs qui se réveillaient en foule sur son passage, le vieillard sentait éclore en lui mille émotions fraîches et délicieuses, fleurs vivaces d'une âme toujours jeune : défiance de soi-même, jalousie, humeur, chagrins, découragement, dégoût de la vie, en ce moment tout était oublié. N'allait-il pas revoir l'ange bien-aimé dont il avait protégé les blanches ailes contre les souillures d'un monde corrupteur ? D'avance il se figurait son accueil : elle le recevrait comme un ami, comme un sauveur! Quelle récompense! quel triomphe! La passion heureuse a-t-elle de plus beaux jours? Il ne le croyait pas; et en songeant à tout ce que renferme de charmant la reconnaissance d'une femme chérie, il trouvait plus légère sa vieillesse et moins insensé son amour.

Au lieu de traverser la cour principale, M. de Morsy entra par une petite porte pratiquée dans le mur de clôture, et que masquaient intérieurement des massifs prolongés jusqu'à la maison. De là il pénétra dans le vestibule sans être aperçu d'aucun domestique, monta l'escalier à pas discrets, et arriva enfin au salon où se tenait habituellement madame Gastoul. La porte était entr'ouverte. Aussi ému qu'un adolescent amoureux pour la première fois, le vieillard la poussa sans faire de bruit, et s'avança sur le seuil; mais il s'arrêta aussitôt en pâlissant affreusement, comme s'il eût senti un poignard lui entrer dans le cœur.

Au fond du salon, couché sur un canapé qu'encombrait un amas de journaux et de brochures, M. Gastoul dormait du sommeil du juste. Près d'une fenêtre, sa jeune femme mollement étendue dans un fauteuil, avait sur les genoux un ouvrage de broderie, mais n'y travaillait pas; devant elle, Louis d'Epenoy, assis sur un tabouret, et tenant un livre qu'il ne lisait pas davantage, semblait en adoration, tout en épiant le sommeil du mari bénévole. Les mains des deux amants s'étaient rencontrées, leurs regards se confondaient, tout en eux trahissait l'intelligence secrète, la passion mutuelle, l'amour heureux !

Près de défaillir, M. de Morsy s'appuya contre le chambranle de la porte. Si sourd qu'il fût, ce mouvement tira le couple fortuné de son extase. Madame Gastoul se leva par un bond de gazelle surprise, rougit jusqu'aux yeux à la vue de son mentor, et, cédant à un accès de confusion dont elle eût sans doute triomphé quelques années plus tard, elle s'élança hors du salon. Au bruit de la porte qu'elle referma brusquement comme si elle eût craint d'être poursuivie, M. Gastoul s'éveilla. Il se mit sur son séant, se frotta les yeux, et aperçut enfin, à l'extrémité de la chambre, M. de Morsy qui contemplait d'Epenoy d'un air hagard.

— C'est vous, marquis? s'écria M. Gastoul en se levant avec empressement; ravi de vous voir! Nous croyions que les délices de Paris vous avaient brouillé avec le Limousin. Votre retour fera le plus grand plaisir à madame Gastoul. Mais qu'avez-vous à regarder notre ami d'Epenoy comme s'il était une bête curieuse? Ah!... je comprends. Vous avez aussi donné dans le voyage d'Italie, vous! Parfait! délicieux!

M. Gastoul partit d'un éclat de rire qui n'éveilla aucun écho. Malgré son aplomb, d'Epenoy était décontenancé; le marquis regardait sans rien voir distinctement et n'entendait qu'un bourdonnement confus; l'action de ses sens semblait paralysée.

— Mais entrez donc, au lieu de rester ainsi à la porte, reprit le maître du logis en avançant un fauteuil au vieillard qui se vint asseoir machinalement

sans dire un mot. Avant tout, continua M. Gastoul,
dont l'hilarité paraissait éprouver le besoin de s'é-
pancher, il faut que je vous raconte les prouesses
de notre ami d'Epenoy ici présent; si vous ne riez
pas, c'est que vous avez un spleen conditionné. Il y
a six semaines environ, le jeune et beau d'Epenoy
partant pour l'Italie, par ordre de sa maman, tombe
ici, un beau matin. Pour venir nous voir il s'était
détourné de sa route, procédé amical dont je lui sais
beaucoup de gré. Il nous conte tout d'abord comme
quoi d'aller baiser la mule du saint-père lui paraît
une corvée peu réjouissante; non que le voyage d'Italie ait rien de si pénible en lui-même, mais parce que
tout ce qui est commandé devient odieux, par cela
seul : le cœur humain est fait ainsi; pour moi, je n'ai
jamais su obéir. Je m'apitoyais sur la destinée du
pèlerin, quand tout à coup une idée sublime me traverse l'esprit. — Qui vous empêche, lui dis-je, de
voyager en Italie sans sortir de France? Voilà mon
homme qui me regarde d'un air ébahi. Je lui ris au
nez et je reprends : J'ai des amis à Gênes, à Rome,
à Naples; je leur envoie sous enveloppe des lettres
écrites par vous, datées successivement de ces différentes villes, et adressées à votre mère, à Paris; mes
correspondants n'ont d'autre peine que de jeter la
lettre à la poste. Quant à vous, ma bibliothèque est
bien fournie, vous y trouverez trente ouvrages sur
l'Italie, en sorte que vous pourrez vous étendre tant
qu'il vous plaira sur le Colisée ou sur Herculanum.
Cette érudition enchantera votre mère. Mais il faut
que vous restiez quelque temps avec nous, sans cela

je ne me mêle de rien. D'Epenoy trouva le projet admirable et y adhéra de la meilleure grâce du monde. La correspondance italienne va son train tout aussitôt, et le tour est fait : qu'en dites-vous?

M. Gastoul se renversa sur le dossier du canapé, et recommença de rire en homme enchanté de lui-même. Ce nouvel accès passé, il se tourna vers le jeune homme : Pendant que je tiens compagnie au marquis, allez donc voir où est ma femme, lui dit-il familièrement; si elle savait que notre aimable voisin est de retour, elle serait déjà ici.

D'Epenoy, qui se trouvait mal à l'aise en face du vieillard, s'empressa de sortir, dans l'intention apparente d'exécuter la mission qu'il venait de recevoir.

— Charmant garçon! dit alors M. Gastoul; serviable, gai, toujours content; peu d'acquit, point d'instruction, rien de solide en un mot; mais du trait dans l'esprit, ce que les Anglais nomment de *l'humour*. Il m'est utile. Vous saurez que mes lettres dans le genre des pamphlets de Courier, sont en pleine exécution. Je lui en ai confié quelques parties comiques à aiguiser; il a trouvé des saillies incroyables. Je vous lirai ça quand l'ouvrage sera terminé; je crois que messieurs les électeurs de Limoges pourront bien se mordre les doigts de ne m'avoir pas donné leurs suffrages. C'est fini entre ces gens-là et moi; j'ai secoué la poussière de mes sandales aux portes de leur ville... Mais vous avez l'air souffrant, vous ne dites rien. Êtes-vous malade? —Non, répondit M. de Morsy qui eut besoin d'un effort pour prononcer ce seul mot. — D'Epenoy n'aura pas trouvé ma femme;

11

je vais la chercher, car si vous retourniez chez vous
sans l'avoir vue, elle ne me le pardonnerait pas. Du
reste, il est bien entendu que vous soupez avec nous.

Le successeur de Courier sortit du salon et se mit
à la recherche de sa femme, qu'il ne parvint à trouver
nulle part. Madame Gastoul s'était réfugiée dans un
petit bois attenant au jardin ; et là, confuse, humiliée,
peut-être repentante, elle attendait le départ du marquis. De son côté, d'Epenoy était devenu invisible.
Las de son inutile perquisition, M. Gastoul revint au
salon, mais, à sa grande surprise, il n'y trouva personne. M. de Morsy était parti.

Le lendemain, M. Gastoul, après dîner, déclara
qu'il allait rendre au marquis sa visite, et d'Epenoy
ne put refuser de l'accompagner. Ils se présentèrent
donc ensemble chez M. de Morsy, et trouvèrent les
domestiques plongés dans une stupéfaction qui leur
laissait toutefois le libre exercice de la parole. Leur
maître, dirent-ils, en rentrant la veille au soir, avait
aussitôt envoyé chercher des chevaux de poste à
Limoges, et il était reparti au milieu de la nuit, sans
qu'aucun d'eux pût dire où il était allé.

— Voilà qui est étrange! dit M. Gastoul à son hôte.
N'avez-vous pas remarqué hier qu'il y avait quelque
chose d'égaré dans sa physionomie? — En effet, répondit d'Epenoy, qui avait intérêt à dissimuler la
véritable cause de la conduite du vieillard ; que cela
ne vous étonne pas. Ma mère, qui connaît M. de Morsy
depuis fort longtemps, m'a raconté qu'à différentes
reprises on avait remarqué en lui des bizarreries sur-
prenantes. — Je ne m'en étais jamais aperçu ; mais

il y a réellement dans ce dernier fait un grain de folie.

Le départ du marquis passa donc pour un de ces caprices qu'enfante le trouble momentané des facultés intellectuelles. Sans se préoccuper de cet incident autrement que pour plaindre son voisin de campagne, M. Gastoul continua avec une ardeur nouvelle l'important ouvrage destiné à faire pâlir les lettres de Junius. Trop vaniteux pour être accessible à la jalousie, il se montrait de plus en plus charmé de d'Epenoy, qui de son côté redoublait d'humeur serviable, et prêtait à l'écrivain politique la causticité de son esprit, à gros intérêt, il est vrai. Deux mois se passèrent ainsi; mais enfin un jour arriva où fut découverte à Paris la mystification des lettres datées d'Italie.

Mademoiselle du Boissier, qui avait de nombreuses correspondances, selon l'usage des demoiselles d'un âge mur, fut instruite par une de ses amies demeurant à Limoges, de la présence du soi-disant voyageur à la campagne de M. Gastoul. La fille à marier gardait rancune à son impertinent ravisseur; aussi n'eut-elle garde de laisser échapper l'occasion de se venger. Elle courut aussitôt avertir madame d'Epenoy, que contraria vivement cette nouvelle; non que la femme indulgente trouvât fort criminelle l'obstination amoureuse de son fils, mais elle craignit de rencontrer dans cette liaison qu'elle croyait rompue, un obstacle sérieux à un magnifique mariage dont elle avait déjà posé la première pierre.

Sans perdre de temps, madame d'Epenoy écrivit

une lettre où le bon sens et la tendresse maternelle parlaient un langage si pressant que Louis en fut touché. Ne trouvant rien de plausible à répondre à sa mère, il finit par se résigner à lui obéir. Deux ou trois mois auparavant, le collaborateur de M. Gastoul se fût montré peut-être plus rétif; mais déjà le temps était venu en aide à la raison. D'Epenoy avait eu cent jours d'amour heureux, un grand empire n'a pas duré davantage, et combien de grandes passions durent moins! Le plus vulgaire, mais aussi le plus inévitable des dénoûments termina cette liaison qui devait être éternelle. Il y eut sans doute bien des larmes versées; il s'échangea bien des serments de s'aimer toujours! Serments sincères qui résistent mal à l'absence! Larmes douloureuses auxquelles ne se fient que ceux qui n'ont jamais pleuré! La séparation des deux amants fut triste, passionnée, cruelle; mais en résultat, un an après, d'Épenoy était marié, selon le vœu de sa mère. Arrivé à l'âge où l'intérêt et l'ambition commencent à parler plus haut que la frivolité et la galanterie, le jeune homme avait fait ce que le monde appelle un superbe mariage, c'est-à-dire avait épousé beaucoup d'argent. A la même époque, madame Gastoul, il est vrai, portait encore le deuil de son premier amour; mais son désespoir se tournait peu à peu en mélancolie; et, comme on sait, la mélancolie, au fond, s'accommode assez de l'existence en ayant l'air de s'y déplaire, et se nourrit du passé sans être pour cela dégoûtée de l'avenir.

Tandis que se passaient ces choses si ordinaires, un jeune mari oubliant la laideur de sa femme en

admirant la beauté de ses chevaux, et une victime
de l'amour versant des larmes sans trop d'amertume,
qu'était devenu M. de Morsy? Cette question, les amis
du vieillard l'échangèrent entre eux inutilement pendant près de deux ans. Il voyagait sans doute, emportant au cœur le trait empoisonné qu'il n'avait pu en
arracher; mais dans quelle contrée promenait-il sa
torture? Ce point demeura longtemps un mystère.
Enfin M. de Morsy reparut un jour, à l'improviste,
dans un salon du faubourg Saint-Germain, et sa présence, inaperçue du plus grand nombre, devint aussitôt un objet de vive curiosité pour la personne au
courant de son histoire.

Parmi les femmes invitées à cette soirée se trouvaient
madame d'Epenoy et mademoiselle du Boissier : la
première, occupée sans cesse, comme autrefois, à
marier autrui; la seconde, plus que jamais travaillée
du désir de se marier elle-même. La protectrice et la
protégée étaient assises l'une à côté de l'autre. Ame
du purgatoire depuis quelques jours, mademoiselle
Alphonsine semblait en proie à une noire mélancolie,
quand tout à coup ses petits yeux verdâtres aperçu-
rent l'homme qu'elle détestait par-dessus tous les autres; elle avait pris le parti de les détester tous, mais
le marquis était l'objet d'une haine à part. A cette
vue, la vieille fille sourit méchamment, et se tournant
vers sa voisine : Voilà M. de Morsy, lui dit-elle avec
un accent de commisération méprisante; oh! qu'il est
vieilli! qu'il est cassé! on lui donnerait soixante-dix
ans. Mais, voyez donc; ses cheveux sont tout blancs;
et comme, il est maigre! C'est pourtant cette co-

quette de province qui l'a mis dans ce bel état. Pauvre homme!

En remarquant les ravages causés par le chagrin bien plus que par le temps sur la personne de son ancien ami, madame d'Epenoy éprouva pour lui une compassion douloureuse, et fut révoltée par contre-coup de l'ironie insultante qui perçait à travers la feinte pitié de la vieille fille.

— Mademoiselle, répondit-elle en la regardant sévèrement, on pardonne des prétentions ridicules, mais non des sentiments méchants. Vous avez un mauvais cœur, et désormais je croirais me charger d'une responsabilité trop grande si j'engagais un homme à vous épouser.

A ces mots, la vieille dame tourna le dos à mademoiselle du Boissier, qui, en entendant prononcer contre elle-même cette condamnation au célibat forcé à perpétuité, faillit perdre connaissance.

A dater de ce jour, M. de Morsy sembla reprendre sa vie accoutumée; il fréquenta de nouveau ses amis et reparut successivement dans la plupart des maisons où il avait l'habitude d'aller auparavant. A part une vieillesse précoce qu'on pouvait attribuer à différentes causes, les gens qui le rencontraient dans le monde trouvaient en lui peu de changement. Ses manières étaient, comme jadis, dignes, bienveillantes, et même affectueuses; il parlait peu, souriait plus rarement, restait étranger à la gaieté des autres. Mais cette gravité, tempérée par une exquise politesse, n'avait rien qui ne convînt à son âge et à *sa condition*. A voir cet homme d'un maintien si calme, d'un accueil si honnête, d'une physionomie si douce, personne n'eût deviné qu'il portait au cœur une plaie saignante et incurable.

A cinquante ans on ne se tue guère à propos d'une blessure d'amour; mais, cette blessure reçue, on n'en guérit pas. L'âme, à cet âge, n'a plus la force de se suspendre aux illusions, fils dorés et fragiles, que du haut du ciel l'Espérance jette à la jeunesse. Désirs impuissants, découragement absolu, dédain de soi-même, tristesse mortelle, tel est le sort de l'imprudent qui n'a pas cherché dans les liens et dans les affections de famille un aliment à la flamme que les glaces du déclin n'ont pas éteintes dans son cœur. Des cheveux blancs, une âme ardente et pas d'enfants! quelle destinée! Au lieu de railler, comme on fait souvent, ceux qui la subissent, il faut les plaindre; car ils sont assez punis d'avoir méconnu la loi divine qui, en divisant en deux parts la vie de l'homme, a donné un trésor à chacune d'elles : l'amour à la jeunesse; à la vieillesse, la paternité.

FIN.

CPSIA information can be obtained at www.ICGtesting.com
Printed in the USA
LVOW02s0841261213

366745LV00014B/304/P

9 781271 397143